Conversaciones
con el
Espejo

Viaje al interior, descubre tu esencia

21 días, ejercicios prácticos

Cómo tener paz y felicidad en mi corazón

Ana María Corrales de la Ossa

Publicado por Ibukku
www.ibukku.com
Diseño y maquetación: Índigo Estudio Gráfico
Copyright © 2020 Ana María Corrales de la Ossa
ISBN Paperback: 978-1-64086-651-5
ISBN eBook: 978-1-64086-652-2

Índice

Dedicatoria 7

Agradecimientos 9

Introducción 11

Día 1
Acercamiento, la gran pregunta: ¿quién soy? 15

Día 2
Resistencia al cambio, los miedos profundos que te limitan 19

Día 3
La lucha en mi mente, reconociendo patrones de pensamiento
limitantes 27

Día 4
Dándome cuenta, liberando patrones de pensamiento limitantes 31

Día 5
Entendiendo mi cerebro 37

Día 6
Me abro al cambio respirando conscientemente 45

Día 7
Escuchando conscientemente 51

Día 8
Contemplación, agudizo mis sentidos 55

Día 9
Reconociendo mi cuerpo físico 61

Día 10
Auto-Amor, despertando a la sanación 65

Día 11
Sanando a mi niña interior, aprendo a compartir con ella 71

Día 12
Mi historia, quién creo que soy y cómo me ven los demás 75

Día 13
Pasado, presente y futuro, creando la mejor versión de mí misma 79

Día 14
Liberando emociones del pasado. Sanación y limpieza 83

Día 15
Reconociendo energía de la que soy parte 87

Día 16
Nuestra estructura energética y cómo limpiarla 91

Día 17
Mi YO SUPERIOR y cómo comunicarme con él 99

Día 18
Maestros, ángeles y guías espirituales y cómo recibir su apoyo 105

Día 19
Eligiendo el estado de felicidad 121

Día 20
El poder de la gratitud   129
Día 21
El reencuentro con tu verdadero ser   133

El poder de las afirmaciones positivas   135

Afirmaciones positivas para trabajar cada día   139

Acerca del autor   143

El mundo es como un espejo…
él se refleja en ti y tú te reflejas en él…

Dedicatoria

Este libro está dedicado a todos y cada uno de los Ángeles y Maestros maravillosos que me han acompañado a lo largo de mi vida y recorrido conmigo toda la experiencia de mi alma.

También lo dedico a todos los seres hermosos que he conocido en mi camino, que han sido espejos en mi vida, y me han permitido aprender grandes lecciones.

Con profundo amor y gratitud, se los dedico a ustedes por haberlo inspirado, por guiar mi camino y sobre todo por el inmenso amor que he recibido de ustedes todos estos años.

Gracias, muchas gracias.

Con amor, Anny.

Agradecimientos

A Los seres de luz que han iluminado mi vida aquí en la tierra.

A ti, amado esposo Giovanni, con quien he vivido la más maravillosa experiencia de amor todos estos años. Tú has sido un ángel presencial en mi vida, con tu amor y tu apoyo invaluables, me has impulsado siempre a seguir el camino de mi alma, gracias, gracias, gracias.

A mis amados hijos, Nataly Nicoll y Ángel David, quienes con su llegada iluminaron mi vida con la plenitud del amor puro, gracias a ustedes puedo entender el amor incondicional, puedo vivir el amor como madre y el ser canal de luz y amor, ver sus ojos cada día, es ver la manifestación de Dios a través de ustedes, gracias por elegirme madre.

A mi amada hermana Luz Ángela, que ha sido como un rayo de luz en mi vida, siempre a mi lado apoyándome y ayudándome, incluso en los momentos más difíciles. Con su amor y apoyo he logrado muchas cosas importantes en mi vida, gracias, mi bella hermana.

A mi madre, quien gracias a todas las experiencias vividas, me permitió desarrollarme desde la individualidad y desde todo mi potencial, mostrándome la libertad que tenemos de elegir siempre el camino que debemos recorrer. Gracias madre.

A ti, Rey, a quien considero un padre para mí, gracias por tu presencia en mi vida, porque he aprendido muchas cosas valiosas, porque tu vida me ha permitido ampliar la visión del mundo y me enseñaste a ser siempre yo misma, a ser auténtica conmigo y respetar el planeta y a través de tu libertad, veo que es posible volar y ver la realidad desde otro lugar más elevado, gracias.

A todos mis valiosos amigos y maestros que, a lo largo de mi vida, llegaron a mostrarme importantes lecciones, a aprender cómo sanar, a perdonar, a superar y a amar; desde tantos lugares, han sido luz en mi vida. Gracias por ser mis maestros, gracias por ser mis espejos, gracias por su amistad, por el aprendizaje juntos y gracias por su existencia en mi camino, gracias.

Introducción

Te preguntas quién eres, qué haces en este mundo, qué ocurre en tu interior, cómo lograr ser feliz, cómo hallar la paz que tanto anhelas.

Luego, la rutina del día a día, las preocupaciones, las dificultades y el estrés, nublan tus preguntas, las olvidas y sigues en la lucha constante en tu interior.

El tiempo pasa y un día te das cuenta de que aun sigues sin responder las preguntas que hace tanto tiempo te hiciste.

Pero esta vez, tu cuerpo está cansado, tu mente también, buscas y no encuentras y por más que luchas, algo falta dentro de ti.

Mira a tu alrededor, date cuenta, hay quienes teniendo todas las cosas materiales que han querido, siguen sintiendo el vacío dentro de su corazón, hay quienes creen que se sienten vacíos porque faltan cosas materiales en su vida.

En ambos casos el vacío no lo llena lo material, porque el ser humano no está incompleto, somos seres perfectos, nada nos falta, sólo el reconocimiento de esta verdad.

Nada ni nadie puede darte lo que crees que necesitas y es por eso que puedes pasar tu vida deseando más y más y cuando ya lo consigues, nuevamente hay algo nuevo que desear.

Nada va a darte lo que buscas, porque eso que tú buscas no está afuera.

Lo que realmente buscas, todas esas respuestas, todo ese amor, habitan en tu interior, así que sólo cuando miras hacia adentro podrás realmente hallar lo que buscas.

En tu corazón sabes que necesitas ese cambio, que necesitas hallar las respuestas que te regresen a la paz de tu alma.

Algo en tu interior sigue insistiendo que busques esa fuerza que te incomoda y hace que te muevas, que te dice: no más, es tiempo de dejar de repetir lo mismo una y otra vez, es tiempo de dejar de vivir lo mismo, es tiempo de que te mires a ti misma y puedas verte realmente, es tiempo de parar de sufrir, es tiempo de vivir la vida que viniste a vivir.

Pero siempre escuchas que las respuestas están en tu interior, ¿pero dónde?, y sigues buscando y no sabes cómo encontrarlas.

El camino hacia nuestro interior, muchas veces oculto a nuestros propios ojos, muchas veces desconocido por falta de conocimiento, es la ruta que te dará la felicidad y la paz que tanto buscas.

Las respuestas llegarán, pero tú debes querer que lleguen, estar dispuesta a escucharlas y recorrer el camino hasta encontrarte a ti misma, dormida en tu propio interior.

Este libro fue escrito para ti, en él hallarás una ruta en la que te permitirás mirarte al espejo de manera diferente, amarte, aceptarte y reconocerte y, poco a poco, ampliar la compresión sobre ti misma.

Es un camino de 21 días de ejercicios prácticos e información, descubrirás muchas respuestas que traerán paz y felicidad a tu corazón.

Día a día, en un viaje en espiral que se mueve hacia adentro, darás un paso, un paso al encuentro de ti misma.

Es un camino de luz, no estarás sola en ningún momento, aunque darás tus propios pasos, el camino estará guiado y lleno de amor.

Cuando llegues al centro, habrás cruzado el espejo y verás tu verdadera forma, la esencia que habita en tu interior.

Tienes todo que ganar, descubrir el ser divino que habita en tu corazón.

Buen viaje. Es sólo el comienzo.

Con amor, Anny.

Día 1
Acercamiento, la gran pregunta: ¿quién soy?

—¿Quién soy?

—¿Quién eres?

—Soy tu espejo.—¿Mi espejo?

—Sí, te estás reflejando en mí.

—¿Cómo sabes que soy yo quien se refleja en ti, y no tú reflejándote en mí?, yo no sé en realidad quién eres tú.

—Exacto, no sabes quién soy sólo porque no sabes quién eres.

—¿Por qué no sé quién soy?, no tengo claro de dónde vengo, qué hago aquí en este lugar, por qué estamos viviendo tantos problemas, qué sentido tiene esta vida, por qué no logro la felicidad.

—Son muchas preguntas las que haces, eso es bueno, porque son esas preguntas las que te van a llevar a descubrir tu verdadera naturaleza.

—¿Qué significa eso? ¿No sólo soy lo que veo en el espejo?

—¿Acaso crees que lo eres? ¿Realmente crees que eres sólo lo que ves?, mírate bien.

—Si, parezco ser esa imagen, creo que soy yo, pero es sólo un reflejo.—Sí, es un reflejo que proyectas sobre una idea que creaste sobre ti.—¿Yo? ¿Cómo hice eso?

—Bueno, no fue sólo tu idea, se ha alimentado con todas las proyecciones que recoges del entorno, las personas que ves como tu familia, ellos han nutrido eso que hoy llamas tu personalidad; las personas que has conocido y que seguirás conociendo van contribuyendo a formarte y a definirte en un proceso de retroalimentación consciente e inconsciente, que luego tú tomarás como tu definición de quién crees que eres.

—¿Quién soy?, es la pregunta más sencilla y al mismo tiempo más difícil de responder.

Todos creemos saber quién somos y la respuesta que nos damos, siempre es la definición del personaje que estamos viviendo en esta vida, los roles que ocupamos, nos definimos por los patrones de personalidad, por el carácter, por el papel que desempeñamos en la familia, incluso por la forma como los demás nos describen, que es sólo la imagen que proyectamos al exterior.

—Cuando esa imagen del espejo desaparece, cuando las luces se apagan, qué queda.

—Tú en la oscuridad. ¿Dónde estás ahora?, ¿no sabes qué camino tomar para tu vida, ¿no sabes qué hacer?, ¿en qué trabajar?, ¿perdiste algo?, ¿tu empleo?, ¿qué te definía? ¿La profesión que ya no practicas? ¿Tu pareja? ¿Tus padres? ¿Tus amigos? ¿Qué perdiste?

¿Quién eres? Si ya no eres lo que creías ser para ellos, quién eres más allá de los roles que cumples, de todo lo que ya no tienes en tu vida, del todo y de la nada. ¿Quién eres?

—No lo sé, llevo mucho tiempo en mi vida haciendo las mismas preguntas, ¿cómo espero que un espejo me la responda? ¿Cómo me ayudas tú, mi imagen en el espejo, a ver las respuestas que no comprendo, que no conozco?

Tantas veces me he visto en el espejo, por qué ahora quieres hablar conmigo.

—No soy yo, eres tú quien quiere que hablemos, eres tú quien busca las respuestas ahora.

—Muy bien mi querido espejo, dos cosas van a pasar en este viaje juntos, o realmente encuentro las respuestas o de verdad que enloquecí.

—Interesante punto, ¿qué es lo peor que puede pasar?, que dejes de mirarte en el espejo, que crean que estás loca.

No te preocupes, con estos ejercicios no tienes nada que perder y todo que ganar, así que vamos a empezar.

—¿Cuántos días tengo que verme al espejo?

—Debes verte en el espejo y hacer los ejercicios 21 días.

—¿Tantos días?

—Pero cómo dices tantos, llevas toda la vida mirándote en el espejo, sólo que nunca te has visto realmente.

—Tienes razón, todo el tiempo me miro, pero nunca me veo. Muy bien, ¿qué más debo hacer?

—Te paras frente al espejo y cierras tus ojos.

—¿Qué? ¿Y qué sentido tiene mirarse al espejo y cerrar los ojos? no lo tengo que hacer frente al espejo.

—Sabía que dirías eso, ¿puedes escuchar antes de seguir?

—Muy bien, sigue.

—Gracias. Te paras frente al espejo, respiras profundo y cierras los ojos, sigues respirando profundo frente al espejo por tres veces más, permite que el aire salga por tu nariz lentamente y a medida que respiras con los ojos cerrados, haciendo conciencia de tu respiración, relaja todo tu cuerpo, sigue respirando y recuerda que estás frente al espejo, trata de visualizarte a ti misma allí parada antes de abrir los ojos y ahora, amorosamente, abre los ojos, acércate al espejo y sonríe, mira claramente la imagen reflejada, puedes tocarla, ahora vamos a empezar por ser amable contigo misma.

—Qué es ser amable conmigo misma.

—Buena pregunta, mirarte amorosamente, reconocer lo bella que eres y lo más importante, dile a esa imagen que la amas.

—Esto es muy extraño, cómo le digo a mi imagen que la amo,

—Al principio parece extraño y difícil de hacer, pero con el tiempo se volverá natural, es normal que sea así.

—Nunca nos enseñaron acerca del amor a nosotros mismos y expresarnos ese amor, la mayoría de las veces crecemos viviendo en función de afuera y dependiendo de la aprobación de los demás, pocas veces nos permitimos consentirnos.

—Empezaré el ejercicio.

Llisto, lo hice ¿y ahora que?

—Cuéntame qué pasa, cómo te sientes.

—Ok, lo primero que pasa es que me siento ridícula frente al espejo y pensado en que ahora sí perdí la cabeza, cómo voy a hablar con mi espejo, si me vieran los demás seguro que se burlarían de mí, dirían que estoy loca.

También pienso que voy a llegar tarde, que tengo que arreglarme, tengo que hacer muchas cosas el día de hoy, sin contar las ojeras que veo en el espejo, oh no, el pimpó en mi nariz, eso fue por comer grasa.

—¿Te dijiste que te amas?

—Sí, le dije a mi imagen que la amo y se sintió muy raro, fue difícil, esto no es algo así como narcisista decirse esas cosas frente al espejo, parece cosa de locos.

—Muy bien, este primer día lo hiciste bien.

—¿En serio?, pero no me siento diferente.

—Sí, hay algo diferente, ¿alguna vez habías hecho conciencia de todas las cosas en las que piensas cuando te miras al espejo.

—No, creo que no, por lo general sólo me miro y ya, pero no le presto atención a lo que estoy pensando en ese momento, es algo automático.

—Exacto, ahí lo tienes, ahora te diste cuenta y al hacer el ejercicio de escuchar tu dialogo interno, realmente hiciste algo diferente, por hoy sólo descansa, mañana seguiremos con el día dos.

Día 2
Resistencia al cambio, los miedos profundos que te limitan

Hoy amanecí cuerda, no creo que vaya a seguir con esa locura de hablar con el espejo, es sólo perder el tiempo y voy a llegar tarde por demorarme, sí, mejor me apuro.

La mañana de hoy me veo diferente, tengo que hacer algo con este cabello, se siente extraño, otra vez mirarme al espejo, ¿me estás mirando?

—¿Yo? No, tú eres quien me mira.

—¿Estás de acuerdo en que no siga con el ejercicio?

—Es tu decisión, es tu vida y puedes hacer lo que sientas en tu corazón.

—¿Cómo es eso? No sé qué es lo que siento y por qué mi corazón palpita tan rápido, a veces lo siento en mi estómago, tengo muchas preguntas, pero no sé si tú realmente puedas responderlas.

—Muy bien, pues no lo sabrás si no lo intentas.

—Ok, pero sólo tengo un par de minutos mientras me arreglo para salir.

—Si sólo vas a dedicarte un par de minutos, ¿al menos puedes hacer el ejercicio concentrada?

—Ok, ¿cuál es el segundo paso?

—Nuevamente cierra los ojos, respira profundo y lentamente, hazlo varias veces, luego sonriendo abre los ojos.

Ahora, vas a observar tu imagen sin pensar en nada, sin juzgar nada, sólo vas a sonreírte a ti misma y a respirar por dos minutos, puedes contabilizar el tiempo, sólo vas a sonreírte, observarte sin juzgar ni opinar, ni pensar, sólo sonreír y mirarte amorosamente frente al espejo, una vez terminando el tiempo, termina el ejercicio por hoy.

—¿Es todo por hoy?

—Sí, es todo por hoy.

—No parece nada difícil.

—No tiene por qué serlo, a veces lo más sencillo es lo más efectivo.

—¿Qué significa eso?

—Date la respuesta tú misma, ¿cómo te sientes?, cierra tus ojos y describe cómo te sientes.

—Bueno, luego de sonreírme por dos minutos, me siento bien, tranquila y agradable, pero aun siento algo más, como un miedo dentro de mí, es extraño todo esto, es como si una parte de mí quisiera hacer las cosas y otra parte prefiere dejar todo así.

—Muy bien, ¿a qué le tienes miedo?

—¿Miedo?, no sé, a muchas cosas.

—Identifícalos, pon tus manos en tu corazón y permite que estos miedos salgan, ahora, date cuenta de ellos, reconócelos en ti, hagamos el ejercicio juntos, empieza por todo lo que se te ocurra que te asusta, respira profundo y empieza, déjalos salir, sé honesta contigo misma y reconócelos.

—Muy bien, siento miedo a estar sola, a no lograr lo que quiero, a perderme, a no encontrarme, a que se acabe el tiempo y me muera, a no ser feliz, a no ser aceptada, a no ser amada, a perder las cosas que tengo y las personas que amo, al rechazo, a no ser suficiente para los demás, a equivocarme. Son muchos miedos los que tengo ahora que te los cuento.

—No son muchos o pocos, sólo son los que son, si sientes que aún hay más, déjalos salir, el reconocerlos y enfrentarlos te ayudará a liberarte de ellos, respira profundo y sigue.

—Por qué siento tanto miedo, ¿de dónde vienen estos miedos?, ¿cómo puedo liberarme de ellos?

—El ser humano, trae consigo algunos miedos heredados de generación en generación y son los que llamamos miedos ancestrales, esos miedos vienen en nuestro ADN y la mayoría de las personas, de manera natural, los experimenta, como son el miedo a la muerte, que tiene que ver con los depredadores con los que se enfrentaron nuestro ancestros, el miedo a la soledad y de este miedo se desprenden muchos más, como el miedo al abandono, miedo a no estar a salvo y de aquí se deriva la inseguridad, el no sentirte protegido.

Todos estos miedos están latentes en el ser humano, sin embargo la sociedad y la familia los estimula para que se desarrollen o no desde la niñez, y se manifestarán en cada uno de los seres humanos vinculados a las experiencias que los refuerzan.

Es decir, cada quien vive experiencias y si estas experiencias disparan alguno de estos miedos, se instalan en la vida de la persona, de manera que creces con ellos o aprendes a sentirlos si la experiencia que vives te lo refuerza, o si vives una situación actual que despierta ese miedo en tu vida, por lo general los miedo se asocian a experiencias que no queremos repetir o expectativas que tenemos de que algo malo pasará si vives esa situación.

Un ejemplo de esto es: si de niño fuiste abandonado por alguno de tus padres, se activa este miedo ancestral, pero ahora con una experiencia real que lo soporta, entonces temerás en tu vida que cada relación que tengas te pueda abandonar, porque ya lo viviste una vez.

Todos tus miedos tienen un origen consciente o inconsciente que lo generó, algo pasó en tu vida y ese miedo se ocultó en tu interior, el problema es cómo ese miedo ahora te limita, te paraliza y no te deja avanzar.

El que el miedo tenga una causa real o imaginaria, al final tiene el mismo poder sobre ti, no te deja avanzar, no te permite vivir tranquila, porque estás esperando que pase lo que tanto temes en tu vida.

Hoy quiero que sepas algo importante y es que podemos crear situaciones y vivencias desde dos lugares, desde el amor o desde el miedo y desde el lugar del miedo las creaciones siempre serán de dolor.

Así que es momento de liberarte de ese miedo, de todos tus miedos, para que puedas avanzar en la vida con mayor libertad y soltura.

Existen muchas formas del liberarse de los miedos, pero el camino más fácil es a través del amor.

—De verdad no imagino cómo el amor me libera de los miedos.

—No sólo el amor te libera de los miedos, el amor es el camino que hallarás más seguro al encuentro de ti misma y lo verás en todo el recorrido de este camino.

Volvamos, te voy a dar varios ejercicios para liberarte de los miedos, puedes escoger trabajar con el que más te sientas a gusto.

Cierra tus ojos y respira, haz conciencia de ti misma y de todos tus miedos frente a ti, cuando enfrentas tus miedos, ellos se pueden transformar en fuerza en tu interior y eso vamos a hacer, transformar todos tus miedos en amor y fuerza.

Puedes ver cada miedo y reconocer su origen si lo recuerdas y si no, sólo observa el miedo y cuándo se instaló en ti, ahora, respira profundo, siente calma en tu corazón y siente amor, permite que el amor te envuelva, imagínate envuelta en luz y amor, ahora sonríe, eleva tu cabeza ligeramente y sonríe, respira y a medida que respiras, siente más y más amor.

Repite: "Todo está bien en mi mundo, estoy segura y a salvo", repítelo hasta que sientas paz en tu corazón, visualízate intensamente feliz, sonríe.

Ahora observa tu miedo frente a ti y dile: "Acepto que llegaste a mi vida, sin importar las razones que te trajeron, todo este tiempo has vivido conmigo, pero ya no te necesito más, así que ahora te libero y me libero de ti".

Ahora visualiza cómo el miedo se diluye y su energía se transforma en algo positivo en tu vida, escoge uno a uno todos tus miedos y haz el mismo ejercicio, míralo de frente y dile que no lo necesitas más en tu vida, libéralo y libérate, observa cómo se desvanece frente a ti y ahora surge un nuevo sentimiento más apropiado para ti.

Por ejemplo, miedo a la soledad, dile: "Ya no te necesito más, te libero y me libero de este miedo, decido disfrutar de la soledad sin miedo y acepto que llegarán a mi vida las personas que estarán a mi lado". Mírate feliz estando contigo misma y feliz rodeada de gente, no hay más que temer, así sucesivamente.

Trasforma cada miedo en afirmaciones que te den fortaleza, soy capaz, me acepto y me amo profundamente, incluso el miedo a la muerte lo enfrentas si lo reconoces como ciclo natural de la vida. Cuando ese momento llegue, que será en el momento justo pactado por ti antes de venir a la vida, ni antes ni después, es el cuerpo el que muere, ya que el espíritu es eterno y siempre podrá volver a vivir las experiencia que tengas que vivir, visualiza que todos tus miedos se desvanecen.

Otro ejercicio que puedes hacer si te cuesta visualizar, es que puedes escribirlos en una hoja de papel uno por uno, luego, en una fogata, quemarlos y de esta forma observar cómo, a medida que se queman uno a uno, el fuego, a manera de llama sagrada, los desvanece, siente dentro de ti la paz de liberarte de ellos.

O también puedes lanzarlos al mar y visualizar cómo el agua purificadora los deshace y se los lleva.

Puedes hacer esta bella meditación guiada por los ángeles, es un regalo, como otra forma de liberarte de los miedos profundos, puedes hacerla, también te ayudará mucho.

Meditación para liberarse de los miedos profundos.
Arcángeles Miguel, Gabriel, Rafael y Zadkiel.

Siéntate en un lugar cómodo y tranquilo, respira profundo y a medida que respiras, observa cómo recuperas la calma, respira, estás en un lugar seguro y a salvo, sonríe, respira.

Vamos a solicitar la presencia de los cuatro Arcángeles, Rafael, Miguel, Gabriel y Zadkiel, quienes nos van a ayudar en un profundo proceso de liberarnos de miedos ancestrales, aquellos trasmitidos de generación en generación por ancestros y la sociedad, miedos creados y acumulados por ti en experiencias en otras vidas y miedos adquiridos en esta vida como parte de programas creados por proyección en este mundo, todos y cada uno de los miedos conscientes o inconscientes que te bloquean a la realización plena de tu vida manifestada en este lugar.

Visualízate sentado en el centro de un lugar abierto, puede ser un patio o un jardín o una playa o un campo, respira y siente cómo el aire y la naturaleza a tu alrededor calman tu estado, vas a visualizar a los Arcángeles cómo llegan uno a uno y se ubican de pie a tu alrededor, cada uno en un punto cardinal, norte, sur, este y oeste, continúa respirando.

Ahora visualiza cómo de tus pies y del fondo de tu columna, de tu chacra base, salen como si fueran raíces y se conectan al centro de la tierra y te enraízas fuertemente al núcleo de la madre tierra, ahora observa cómo del chacra de tu corona sale un tubo de luz que te conecta a tu yo superior y ahora, de manera consciente y segura, decreta: "Solicito a los Arcángeles y a mi yo superior, que limpien, borren y eliminen de mi programación todo miedo ancestral de vidas anteriores, de esta vida, impuesto o creado por mí de manera consciente o inconsciente, que esté obstaculizando mi camino.

Observa cómo por tu tubo de luz ingresa una energía dorada que viene de tu yo superior que recorre todos tus cuerpos etéricos y tu cuerpo físico, eliminado todos los programas de miedo a su paso y enviándolo por tus raíces al centro de la tierra, donde la madre tierra lo trasforma en luz.

Ahora cada uno de los Arcángeles envía su luz a través de tu canal y observas cómo recibes la llama violeta del Arcángel Zadkiel, que va trasmutando desprendiendo esos miedos profundamente arraigados y limpiando todo a su paso, el Arcángel Miguel con su espada de luz azul se asegura que no quede ningún miedo oculto ni impuesto por otros, observa cómo todos tus miedos fueron expulsados de tus cuerpos. Ahora el Arcángel Rafael envía su luz verde a restaurar y sanar las heridas y las huellas que esos miedos dejaron en ti, las experiencias que los causaron restaurando el orden de tus campos libres de miedos. El Arcángel Rafael sana todos tus cuerpos etéricos y repone todas tus rejillas, y por último, el Arcángel Gabriel te envía su luz cargada de valentía y amor y envuelve todo tu cuerpo dándote nuevas fuerzas para seguir tu vida libre y segura de tu camino, sella todo tu cuerpo de luz para que nunca más ningún miedo se refugie en ti.

Ahora, sólo el amor es la fuerza poderosa que te mueve, el amor es la energía que lo puede todo, llénate de amor y gratitud, agradece a los Arcángeles, a tu yo superior y madre tierra, por esta maravillosa meditación de liberación de miedos profundos, respira, sonríe y siente la plenitud en tu corazón, respira, sonríe, regresa al lugar donde te hayas cómodamente sentada, abre tus ojos y con alegría disfruta de tu día. Gracias, gracias, gracias.

Día 3
La lucha en mi mente, reconociendo patrones de pensamiento limitantes

—Hoy tengo mucho sueño y es tarde, tengo que apurarme, creo que hoy no voy a tener tiempo para hacer el ejercicio, lo dejaré para mañana con calma o quizá en la noche, ¿no lo podemos hacer en la noche o en otra hora del día?

—Sí, claro que se puede, pero hay momentos del día que el ejercicio resulta más beneficioso y es en la mañana al levantarse y justo antes de dormir, pero en la mañana ayuda a potenciar tu día, así que es más recomendable.

—Pero es que ahora tengo prisa, estoy muy ocupada, mejor mañana o por la tarde.

—La fuerza de la voluntad radica en superar esos momentos en que quieres rendirte, en superar tus propios pensamientos que te limitan a hacer lo mejor para ti.

Cuántas veces te has rendido, cuántas veces no has luchado por lo que realmente quieres, sólo porque es más fácil seguir igual, sólo por miedo a lo que crees desconocido, por esta y otras razones es que estás preguntas aún siguen sin responder, si realmente quieres saber, entender y por fin tener un cambio en tu vida, debes renunciar a tus pensamientos que son tu mayor obstáculo en la consecución de tus logros.

—¿Cómo puedo dejar de pensar?, eso es imposible.

—No te he dicho que dejes de pensar, realmente la mente no lo hace, sólo dije que renunciaras al poder de esos pensamientos sobre las decisiones que son mejor para ti, es hacer conciencia de lo que piensas, es ponerles un alto, pero ellos van a seguir, entonces escúchalos, pero decide que esos pensamientos no te van a detener si ellos no te ayudan a lograr lo que realmente quieres.

Un ejemplo claro que vives todo el tiempo, es que deseas tener un cuerpo sano y decides hacer dieta y ejercicio y empiezas, luego llega tu mente y empiezan a surgir muchos pensamientos, como: estoy cansada, tengo hambre, cuánto deseo comer tal cosa, sólo por hoy, mañana empiezo, nadie me ve, sólo un poco, mejor hago ejercicio más tarde, porque tengo más hambre de lo normal.

Muchos pensamientos que al final te alejan de lo que realmente querías y terminas por abandonar la dieta o el ejercicio y así sucesivamente, pasas el año empezando, abandonando el comienzo y luego de un tiempo, abandonando. Así pueden pasar con muchas otras cosas en tu vida que al final se posponen porque la mente inconsciente, crea estos autosabotajes, que no son más que las excusas de tu propia mente, que te obstaculizan para que no consigas lo que quieres, ya que la mente prefiere quedarse en la zona de confort, en la seguridad de lo ya conocido y por eso ante los cambios importantes en tu vida, se crean estos sabotajes para mantenerte en tu situación actual o normal.

También debes considerar que hay ideas y pensamientos que se han creado en tu mente por opinión de los demás, por las cosas que has visto en tu entorno o las experiencias que has tenido y que has aceptado en tu vida como propios y los has incorporado como tu manera de pensar, a estos se les conoce como patrones de pensamiento, algunos de los cuales pueden ser limitantes, porque no te ayudan a avanzar, es importante que los reconozcas en ti para que los puedas trabajar, piensa en cuáles se te ocurren, por lo general esos patrones marcan la manera como actúas y te defines por ellos, porque limitan áreas de tu vida y se convirtieron en la forma como piensas del mundo.

Piensa en los aspectos de tu vida que sean difíciles y reconoce qué piensas de esos aspectos, por qué crees que son difíciles de lograr.

—Pienso que he identificado algunos en mi vida, uno puede ser la idea de no ser capaz de lograr algo fácilmente, otro puede ser el si seré o no lo suficientemente buena, otro puede ser, que la vida es difícil y siempre hay que luchar y trabajar duro para conseguir las cosas que uno quiere, otro puede ser la falta de merecimiento del dinero y la prosperidad o que la vida es dura, que sólo el trabajo da dinero, en fin, creo que realmente si lo pienso, muchas ideas se me ocurren de la manera como pienso que pueden limitar mi vida en la consecución de muchas cosas.

—Muy bien, éste es el ejercicio de hoy, identifica todas las ideas, pensamientos y patrones que han limitado tu vida y escríbelos, es muy importante que los escribas para que puedas tenerlos claramente identificados, reconoce cuáles son sólo ideas y cuáles se repiten en tu vida de diferentes maneras y ya son un patrón de pensamiento, incluye en tu listado las cosas que no has logrado debido a esas ideas y pensamientos, incluso aquellas que empezaste y luego abandonaste. Escribe todo lo que se te ocurra y sobre todo aquello en que dices: "es que yo pienso así", si logras recordar, escribe el momento en el que por primera vez pensaste así, qué ocurrió, si hubo alguna situación que haya generado ese pensamiento, por ejemplo una idea como: "no se puede confiar en las personas". Piensa de dónde viene, en qué momento empezaste a pensar así, qué situación lo generó. Si ya lo olvidaste, está bien, pero anota lo más que puedas.

Este ejercicio te ayudará, no sólo a identificar la raíz de tus ideas y pensamientos limitantes, sino que verás cómo llegó a ti y cuánto tiempo llevas con ellas. Observa cuánto te han afectado en tu vida, si le sumas a darte cuenta cuántas cosas no has hecho debido a ese pensamiento o patrón, identifica y date cuenta de lo importante que ha sido para ti.

Una vez tengas tu listado, medita sobre lo que has escrito, ahora léelo en voz alta y escúchate.

Cuando eres consciente del poder que tiene lo que piensas sobre tu vida, habrás hecho uno de los mayores descubrimientos sobre tu autoconocimiento.

Esto ocurre porque la mayor parte del tiempo, nuestro cerebro procesa miles de pensamientos y muchas veces nuestra mente consciente no se detiene a detallar cada uno de ellos, pero aun así es almacenado y ese pensamiento se ejecuta en nuestra vida. Por lo tanto, es como si en un nivel no fuéramos conscientes de todo lo que estamos pensando y lo que estás aceptando como tus ideas, sea el resultado de experiencias vividas por ti o por otros, pero son estos pensamientos los que están creando la realidad que proyectamos a nuestra vida.

Ahora sólo date cuenta de los pensamientos que no te están ayudando a lograr lo que quieres, algo tan sencillo como verte al espejo por 21 días y encontrar las respuestas que buscas dentro de ti. Haz la lista, léela y nos vemos mañana en el cuarto día.

Día 4
Dándome cuenta, liberando patrones de pensamiento limitantes

—Me vas a preguntar si hice el ejercicio de ayer.

—Recuerda que son tus decisiones, no iba a preguntar, pero si quieres hablar de cómo te fue, te escucho.

—Pensé en las cosas que dijiste sobre todas las veces que he querido hacer algo y me he rendido, pensaba que era sólo por pereza de no levantarme temprano, de no seguir, pero nunca me había dado cuenta que detrás de ese desánimo, como yo le llamo, habían pensamientos que en realidad eran los causantes de la pereza que sentía o de la ansiedad, del rendirme, renunciar o de otras razones para abandonar mis proyectos o simplemente, no hacer las cosas que he querido hacer.

Encontré muchas excusas en mi mente... y no puedo creer que mi propia mente sea la causante de esto que dices "autosabotaje". Pero, ¿por qué?, ¿por qué mi mente, si es mía, no me ayuda a lograr lo que quiero y por el contrario, me hace rendir?

Los patrones de pensamiento que me han limitado, en serio, no había notado que esa manera de pensar, fuera la causa de las cosas que no he logrado y es que todas esas ideas han estado ahí en mi mente, pero no me daba cuenta de ellas.

—Es un gran avance que puedas ver todo eso, el ser humano, en su múltiple complejidad, tiene estructuras mentales que su propio dueño no conoce y por lo tanto no sabe cómo manejar.

El desconocimiento de cómo funciona tu propia mente, tu cerebro y tu estructura física y energética, limita el manejo de la misma, es difícil manejar algo que no se conoce.

El ser humano es un ser grandioso dotado de tantas facetas y programas. pero poco consciente de sí mismo y de su magnificencia.

El ser humano, en su mayoría, trabaja en "piloto automático", sin control de su propio vehículo gracias a los patrones preprogramados en su inconsciente y en su mayoría es ese inconsciente quien lleva el control.

—Oh vaya, cómo es posible que no sepamos esto desde niños y cómo es que no sepamos nada de nosotros mismos y de cómo funciona nuestra mente y cuerpo de la manera que lo dices.

—Pues es justamente uno de los grandes riesgos de la humanidad, el sistema que viven actualmente no los prepara desde jóvenes a aprender sobre sí mismos, incluso a amarse a sí mismos, ésta debía ser la clase más importante en las escuelas.

—Pero si enseñan algo de biología del cuerpo y algunas personas se dedican a estudiar más profundamente estos temas.

—Sí, es cierto, pero con muchas deficiencias de información clara y entrenamientos necesarios.

—Tal vez ahora la humanidad, poco a poco cambiemos al darnos cuenta qué tan importante es conocernos y empecemos por aprender cómo hacerlo y enseñarlos a las generaciones futuras.

—Sí, es un gran paso, por ahora la búsqueda del autoconocimiento es decisión personal y sólo el que busca encuentra, así que preocúpate ahora mismo por tu propio proceso y cuando lo logres, podrás invitar a aquellos que amas a hacer, lo mismo si ellos desean.

Es posible que sigan en piloto automático y aún no se hayan hecho estas preguntas, es por eso que este libro es para ti.

Tú que estás haciendo estas preguntas y tienes el valor de seguir leyendo, tú que lo tienes en tus manos y aún si sólo fuera por curiosidad, esperas hallar respuestas en este camino, las respuestas las hallaremos juntos, en las medida que practiques los ejercicios que vamos planteando, iremos descubriendo juntos quién eres tú, quién soy yo, sólo soy tu espejo y tú te reflejas en mí y luego regreso a ti en forma de imagen.

Ahora, integra toda la reflexión que has hecho en tu mente con la identificación de todas las ideas y pensamientos que te han limitado hasta ahora, organiza todas las ideas claramente y es momento de decidir si deseas cambiar, ésta es una ruta.

El primer paso es hacer conciencia de tus propios patrones y los pensamientos que te limitan, identifícalos claramente.

El segundo paso es decidir si es momento de liberarte de ellos, sólo tú puedes tomar esta decisión desde la conciencia.

El tercer paso es hacer el trabajo de reprogramar todos esas ideas liberándolas y transformándolas por aquellas que te ayuden en tu vida y en tu camino hacia adelante.

Ahora puedes hacer estos ejercicios que te ayudarán a ir cambiando esas ideas que te limitan por ideas que te apoyan.

Cambiar una idea es tan sencillo como darte cuenta y remplazarla por una más apropiada para ti, pero el proceso se vuelve más complejo cuando esa idea lleva mucho tiempo alimentándose de otras y ya se volvió un patrón de pensamiento que lleva tiempo arraigado en ti, pero siempre lo puedes cambiar. Si es algo fuerte y llevas años creyendo en él firmemente, el proceso requiere de una fuerza igual de grande y un trabajo desde la conciencia de reprogramar esos patrones e integrar los nuevos a tu vida, requiere de vigilar tus pensamientos y si notas que vuelves a un patrón anterior, cambiar enseguida, ésta será una tarea de conciencia y que requerirá de tu esfuerzo y constancia.

Notarás que algunos cambios pueden ser muy rápidos y otros tomaran más tiempo, dependerá de tu deseo de cambiar, tu constancia y de tu decisión.

Hallarás tu propio ritmo, cada persona tiene un ritmo y un tiempo diferente.

No hay estadísticas que te lo digan, puede ser que desde el momento que hiciste el ejercicio de identificar, hayas podido cambiar muchos pensamientos, a otras personas le tomará un poco más.

Sé amable con tu proceso, el trabajo más importante ya lo hiciste, el reconocer, identificar ya te permitió liberar, ahora sólo debes crear nuevos patrones más adecuados para ti e integrarlos y estos remplazarán a los anteriores que ya eliminaste de ti.

Visualiza que cada pensamiento que sale de tu mente lo trasformas en uno mejor y vas a imaginarte logrando ser aquello que deseas ser, con mucha alegría para que el nuevo pensamiento se instale.

Piensa en un ejemplo, si crees que siempre tienes que trabajar duro para conseguir lo que quieres, elimina ese pensamiento, una forma puede ser imaginar como si tuvieras un borrador gigante en tu mente, imagina que lo borras, otra forma es imaginar que esa idea está en tu cerebro en un archivo, imagina que sacas el archivo y lo eliminas y ahora reemplaza por uno nuevo y mejor para ti, por ejemplo imagina que el trabajo es divertido y lo realizas de manera práctica y productiva y siempre recibes un excelente beneficio por él y repite en tu mente en voz alta: "Hago lo que me gusta y tengo un trabajo que puedo realizar con amor, soy feliz" y visualízate feliz haciendo tu trabajo de manera fácil, fluyendo con alegría.

Instala ese nuevo pensamiento en tu mente y siente el bienestar del cambio, disfruta de ese bienestar, cree que es real y tu cerebro lo recibirá, siéntelo real, disfrútalo con alegría, siéntete feliz y sonríe.

Haz estos cambios en cada uno de tus pensamientos, recuerda, tendrás que reforzarlos constantemente, sobre todo cuando te des cuenta que estás pensando como antes, decide borrar y cambiar, repite, sé constante y siente en todo lo que puedas tu nuevo pensamiento, hasta que se instale y se haga parte natural en tu manera de pensar.

Mañana conocerás un poco más sobre cómo funciona tu cerebro y tendrás más herramientas para trabajar, ve trabajando con las ideas que necesites cambiar hoy.

Día 5
Entendiendo mi cerebro

—Respira profundo, sonríe, hoy vamos a dar otro paso importante en tu camino, a saber más sobre ti misma, qué es conocer sobre tu cerebro y su estructura, a saber cómo recibe la información y aprende, una vez que conoces cómo funcionan esos procesos a nivel físico y luego que sepas qué ocurre a nivel energético, tendrás todo el panorama.

—Lo que ocurre dentro de mi cerebro, he leído algunas cosas, pero realmente creo que es poco lo que uno aprende de manera natural en la vida sobre el cerebro, lo hacen más las persona que lo estudian por profesión o por investigación, pero en la mayoría de las personas no es un tema enseñado como prioridad en las escuelas o en la vida.

—Es cierto, pero hoy muchísima gente lo estudia y hay investigaciones muy interesante en las redes, la información está al alcance de todo el que busque, es más la decisión de querer saber algo y buscar.

El día de hoy vamos a tocar un poco de este tema.

Lo primero que tienes que saber es que el cerebro funciona como un magnifico ordenador, procesando todos la información que recibes a través de los cinco sentidos, es decir todo lo que ves, escuchas y hueles, sientes y degustas en tu cuerpo, el cerebro recibe los datos externos, los procesa y los almacena de manera organizada dentro del cerebro, puedes imaginarlos como si fueran archivos de datos e información en carpetas que son utilizadas en la medida que son necesitadas, la analogía de un computador funciona muy bien para explicar sobre el cerebro, estas carpetas de información que recorre por los 5 sentidos se utiliza para el procesamiento y ejecución de datos del funcionamiento del cuerpo, también están los programas que se crean de acuerdo a la información que ingresa en forma de pensamientos y palabras que se ejecutan tal como si fueran órdenes en el computador.

Dentro hay muchas áreas organizadas y cada una especializada en algo importante para el funcionamiento del cuerpo.

El cerebro está dividido en dos hemisferios, el hemisferio derecho se encarga de procesar toda la información espacial, en esta área se crea la imaginación, las formas geométricas, la creatividad, la música, las emociones y los sentimientos, las personas que tienen un hemisferio derecho más desarrollado son muy creativas, imaginativas, grandes artistas y muy intuitivas.

El hemisferio izquierdo es lo práctico, las letras, lo verbal, lo escrito los números; maneja la lógica y el razonamiento.

La dominancia de los hemisferios es cruzada, es decir, que el hemisferio derecho del cerebro tiene control principalmente sobre el lado izquierdo del cuerpo y el hemisferio izquierdo de tu cerebro controla la parte derecha de tu cuerpo, por eso escuchas que, si eres de mano diestra, tu dominancia es hemisferio izquierdo y si eres de mano zurda, tienes dominancia del hemisferio derecho.

Esto también nos muestra en qué área del cerebro tienes más relevancia a la hora de procesar la información. Hay personas que desarrollan una excelente conexión con ambos hemisferios, pues lo ideal es que estos se integren bien, lo cual hacen de manera natural, permitiéndonos procesar la información con ambos hemisferios, esto aumenta nuestra capacidad de procesar datos e información más completa.

El cerebro también se organiza por lóbulos o áreas divididas que se especializan en funciones específicas para el funcionamiento interno, se encargan de procesar los datos y las conexiones necesarias para manejar nuestro cuerpo.

El área frontal se encarga del pensamiento, resolución de problemas, concentración, comportamiento, movimiento y allí se procesa la personalidad y el humor.

El área motora controla los músculos voluntarios.

El área sensorial las sensaciones de la piel como el frío, el calor, regula la temperatura y el dolor.

El área de broca, el control del habla.

El lóbulo temporal se especializa en la audición, lenguaje y memoria.

El tronco encefálico la conciencia, respiración, ritmo cardiaco.

El lóbulo parietal, las sensaciones, lenguaje, percepción, conciencia corporal y atención.

El área occipital se encarga de la visión, percepción, el área llamada de Wernicke, ayuda a la comprensión del lenguaje y el cerebelo, la postura, el balance en coordinación del movimiento.

Observa cómo estas áreas especializadas, con funciones específicas que se encargan de procesar la información de tu cuerpo, lo regulan y envían los datos para su correcto funcionamiento, entonces, el cerebro está siendo el principal gestor encargado del funcionamiento del cuerpo, pero, no es el único.

Hoy en día y a los descubrimientos científicos se demuestra que los órganos internos de tu cuerpo tienen capacidades independientes, las células son capaces de sentir, tu hígado, riñones, corazón y estómago, reciben también información independiente, si bien sigue siendo el cerebro el centro de control, estas células también son sensitivas a lo que reciben del entorno.

Sin embargo, el cerebro está organizado de manera que, a pesar de funcionar en apariencia igual para todos los seres humanos, es evidente que cada ser humano desarrolla ciertas áreas más que otras y aprende recibiendo la información por diferentes canales, es así como una misma información puede ser percibida de formas diferentes en un mismo grupo al que va dirigida y al final el funcionamiento del cerebro de cada ser humano pasa a ser único en muchos niveles.

Ahora, desde la programación neurolingüística PNL se han hecho maravillosos descubrimientos de cómo funciona el cerebro y de cómo aprendes y en este sentido cada persona tiene diferentes estilos de aprendizaje y diferentes estrategias de afrontamiento.

Actualmente hay identificados tres estilos de aprendizaje o sistemas con los cuales representamos la información que recibimos del entorno, el canal visual, auditivo, y el kinestésico.

Las personas que utilizan el canal visual aprenden a través de lo que ven, todo cuanto ingrese por su vista, así que su preferencia es ver la información preferiblemente en imágenes, mirando las cosas. Por lo general tienen un pensamiento de necesitar ver para creer, son muy organizados, ordenados y bastante detallistas, ven los detalles en todo, se preocupan mucho por su aspecto y procuran siempre verse bien, así que su vestuario siempre combina perfectamente, muy plantados en la realidad, piensan en imágenes y son los grandes organizadores de la realidad, formadores de estructuras y perfeccionistas, actúan con facilidad y rapidez, son buenos dirigiendo, ven las cosas claras y recuerdan los detalles de todo.

Las personas que utilizan el canal auditivo, aprenden de lo que oyen, reciben la información en forma de ondas de sonido, por lo que son buenos escuchando, son excelentes procesando a nivel mental, grandes filósofos y pensadores. En este grupo les gusta la música y los sonidos, prefieren lo simple, no llamar mucho la atención, se mantienen con bajo perfil, su vestuario tiende a ser sencillo, colores neutros, sin preocupación por mostrarse, prefieren relacionarse poco, se muestran reservados, ven sonido en todo y su mundo son las palabras, también son distraídos, puedes verlos hablando solos, prefieren escuchar, pensar, se les olvidan las cosas.

Los kinestésicos, reciben la información a través de las sensaciones, son sensitivos, su aprendizaje se da más fácilmente a través del contacto, necesitan sentir las cosas para aprender, requieren mucho del contacto físico, las emociones, el sentir, son muy intuitivos y manifiestan fácilmente el amor, se guían más por las emociones y su expresión y desde ese lugar aprenden, no les preocupan las apariencias físicas, pueden ser bulliciosos y desordenados, su vestuario es práctico, sin complicaciones, no les preocupa mucho su apariencia, prefieren la comodidad ante todo, se expresan abiertamente al mundo y les gusta manifestar afecto.

Todos recibimos información por todos los canales y lo ideal sería aprender por los tres estilos de aprendizaje, pero por lo general desarrollamos más uno que otro, puede que tengamos características de los tres, pero notaremos que sobresale más un estilo que otros a nivel general. Es bueno reconocer en cada uno de nosotros desde qué lugar aprendemos y revisar si necesitamos aprender desde otros lugares para, de esta forma, trabajar en ellos.

Tener claridad de cómo funciona nuestro cerebro a nivel físico y biológico, resulta muy importante en tu proceso de auto conocimiento, ya que no sólo amplía la información que tienes de ti mismo, sino que se convierte en una herramienta a tu favor si aprendes a identificar aspectos claves como tu propio estilo de aprendizaje, o si tienes más dominancia del hemisferio derecho o izquierdo, ya que las puedes usar en tu propio proceso.

El ejercicio para trabajar aquí será identificar en ti misma, en qué hemisferio tienes más dominancia y tu estilo de aprendizaje.

Por ejemplo, quieres crear una nueva idea, situación en tu vida o conseguir algún objetivo y reemplazar la idea que no te sirve.

Ya te diste cuenta de que aprendes más, por ejemplo, desde el canal visual, entonces usa ese canal, para reprogramar ideas que quieras cambiar, imaginando lo nuevo que quieres lograr viendo imágenes sobre la situación, escribiendo, realizando un plan escrito y concreto a ejecutar, el cual debes detallar paso a paso, refuerzas leyendo o mirando documentales, videos y ejecutándolo.

Si tu canal es auditivo, entonces trabaja con audiolibros, canciones, auto afirmaciones, prueba a grabar tu propia voz diciéndote las metas y tus ideas, escúchate en voz alta, piensa en lo que quieres, entiende qué es lo mejor para ti y tu mente te va a ayudar, trabájalo.

Si tu canal es kinestésico, empieza a sentir lo nuevo que quieres, trabaja imaginando lo que deseas y las sensaciones que despiertan en ti la gratificación y la alegría de tenerlo, siéntete feliz de conseguir tu nueva idea o proyecto, sonríe, empatiza con gente que lo logró, siente la emoción de conseguirlo, baila o canta y disfrútalo.

En cuanto a los hemisferios, lo mismo, identifica si tu hemisferio dominante es izquierdo, entonces usa las herramientas, ya sabes qué se te da más fácil, lo práctico o lo verbal, necesitas un plan detallado, organiza las palabras y las ideas, lo tuyo es la lógica, a partir de aquí tienes la entrada a la información de tu cerebro.

Si tu hemisferio es el derecho, entonces lo tuyo es la imaginación, la creación, la música, el arte, la intuición y el mundo emocional.
Desde ese lugar puedes trabajar más fácilmente en ti.

Usa tus canales a tu favor, sin embargo es importante reconocer que siempre se aprende y se puede trabajar en reforzar los otros canales. Es posible que notes características de ambos hemisferios o de varios canales en ti, la idea es hacer ejercicios, ver cuál prevalece, usarlo a tu favor, pero seguir trabajando en el desarrollo de los otros canales,

Un ejemplo es que te das cuenta de que eres kinestésico y te cuesta el ver los detalles, practica cada vez que puedas en ver los detalles de la casa, de tu trabajo, de la vida, esto te ayuda a ir desarrollando este canal, tu cerebro sigue aprendiendo y tú puedes lograr un aprendizaje más integral desde los tres canales.

Día 6
Me abro al cambio respirando
conscientemente

—Luego del recorrido de ayer por tu cerebro, que seguramente aún estás procesando hoy, empieza a oxigenar todo lo que has hecho durante estos días y observa cómo te sientes en tu interior.

—Sí, mi mente aún procesa la información y veo cuánta complejidad hay en mi cerebro, más de lo que uno se da cuenta.

—Tienes razón, pero a medida que aprendes más, la complejidad se vuelve entendimiento y a medida que te sigues abriendo para entenderte, ya aceptaste el cambio en tu vida y seguirá siendo parte natural de ti.

Es momento de respirar, con la respiración consiente darás otro paso, uno muy importante y vital en tu camino de vida.

Cierra tus ojos frente al espejo, respira, sigue respirando, respira y sonríe, lleva tu mano a tu estómago, siente cómo tu estómago se infla con el aire que tomas de la respiración, sonríe, sigue respirando, toma aire por la nariz lentamente, en un ciclo de cuatro tiempos, cuatro segundos, sostenlo en tu estómago cuatro segundo más y ahora lentamente suéltalo en cuatro segundos, repítelo hasta que regules el ritmo de tu respiración, continua respirando y haz conciencia de tu respiración, abre tus ojos y observa en el espejo cómo respiras, observa tu mano en el estómago, cómo se infla, observa cómo tomas el aire y siente dentro de ti cómo te nutre y cómo lo liberas, contrae y suelta, así el ciclo de la vida, el movimiento contracción y expansión, de contener y soltar, de abrir y cerrar.

Hoy permítete ser consciente todo el día del ciclo de respiración, sé consciente constantemente de tu respirar y agradece a los pulmones ese maravilloso proceso que alimenta todo tu cuerpo.

Si hay algún jardín cerca de ti o sales a la calle o al patio, incluso si sólo manejas en tu carro, baja las ventanas e intenta sentir la brisa y respira conscientemente, deja que el aire entre profundamente, el simple hecho de respirar constante y conscientemente tiene un enorme beneficio en tu cuerpo y también en tus emociones.

Prueba a respirar cuando te sientas alterado tantas veces como lo necesites y verás cómo todo tu cuerpo se calma y hasta puedes ver más claro el panorama, sigue respirando.

Si necesitas sacar emociones de ti que te hacen daño, prueba este ejercicio, es liberador.

Toma una respiración profunda tomando aire por tu nariz y botándolo con fuerza por tu boca, nuevamente hazlo, esta vez más fuerte, como si sacaras todo de tu cuerpo, puedes incluso hasta sacarlo con un grito del interior del estómago, como si expulsaras toda emoción allí guardada, con fuerza, sácala de ti junto con el aire y repítelo al menos tres veces o usando la palabra:

"Aahhh" al sacar el aire y mover tu cuerpo, sacúdelo hasta que sientas que sacaste todo de ti, ahora puedes respirar tomando aire profundamente por la nariz y soltarlo por la nariz lentamente.

Haz el ciclo de cuatro tiempos, 4 segundos, que hiciste hace un momento, si has practicado meditación y ya has practicado respiración, entonces hazlo en 4 tiempos 10 segundos, cierra los ojos y siente la diferencia en ti a medida que respiras de manera consciente, date cuenta de lo importante que es el proceso de respirar en tu vida y la manera rápida de encontrar calma en tu cuerpo y en tu mente.

La respiración es parte natural de la vida y ocurre de manera automática, este ejercicio te devuelve la conciencia de tu propio proceso y asumes el control de ser consciente del mismo y puedes usarlo a voluntad para mejorar tu estado, entre más lo hagas conscientemente, más sencillo será y más verás los beneficios en tu estado general.

Por mucho es la base fundamental de la meditación, que no es más que entrar en un estado de conciencia sobre ti mismo, tu cuerpo, tu unidad con el todo y tu relación con tu ser interior a través de la respiración consciente.

Así que sigue, toma aire, sigue respirando, sonríe, respira y sé consciente todo el tiempo que estás respirando.

Si lo haces regularmente va a ayudarte a disminuir el diálogo en tu cabeza al mantener tu atención centrada en la respiración, te permitirá concentrarte y estarás más tranquila en control de ti misma.

Si te detienes un segundo y dejas de respirar, todo pararía y tu cuerpo también, sin el aire que respiras no puedes vivir.

—Sé que es importante ser consciente de la función que cumple la respiración en nuestra vida, es nuestro sostén para mantenernos vivos, ya había leído sobre la respiración y la meditación y lo había practicado, pero noto que aún no había incluido la práctica de respiración consciente, respirar es tan natural que uno no se detiene a entender este proceso y volverlo una herramienta diaria y constante de manera consciente.

—Sí, tienes razón, ahora ve más allá y observa de dónde viene el aire que respiras y expande tu conciencia al proceso de producción de ese aire en la naturaleza, en los árboles, en la tierra que nos contiene, en el papel de todos los que contribuyen para que justo en este instante, tú puedas tomar el aire y respires mientras sigues leyendo estas palabras.

—El aire no llegó de la nada, nos lo da el planeta a través de la naturaleza, nos sustenta la vida para que sigamos aquí y ni siquiera nos preocupamos por pensar si se va a acabar el aire para respirar, porque de alguna manera confiamos en que siempre habrá aire, incluso cuando nosotros mismos lo hemos contaminado y en las ciudades cada vez hay menos aire puro que respirar y la capa de ozono de nuestro planeta, ¿acaso piensas en este proceso cuando ves un árbol?

—No, realmente no, antes no lo hacía al ver un árbol y pensar que, gracias a ese árbol, tengo aire para respirar y agradecerlo, cuidarlo, enseñarle a los niños a respetar y cuidar a ese ser natural que nos da todo de sí mismo para vivir.

—Tienes razón, nuestra relación con la naturaleza que nos sustenta, no ha sido la mejor a lo largo del tiempo y reconozco que como humanos no hemos respetado nuestro hogar, este planeta y a todos los seres que viven aquí, apenas estamos dándonos cuenta del daño de no ser conscientes y no haber aprendido a relacionarnos bien con el planeta que habitamos.

—No necesitas culparte por lo que no se ha hecho o por lo que se ha hecho mal, la culpa no cambia nada, sólo te hace sentir mal, necesitas hacer conciencia, asumir la responsabilidad como habitante del mundo y respetar el lugar que nutre a los seres que te alimentan, respetar tu hogar y de ahora en adelante, cuando veas la naturaleza, agradece su apoyo y cuídala.

—Pero hay tanta gente sin conciencia de esto.

—Sí, pero no es necesario juzgar al otro que todavía no se ha dado cuenta, sin lamentar nada, sólo empieza por ti misma, sólo asume tu parte, cada vez que respires agradece al aire que llega a tus pulmones y bendice su fuente, mira la naturaleza que te rodea con amor y gratitud.

Haz parte de tu vida la respiración consciente, verás en todo momento cómo amplía tu capacidad para estar en paz y centrada en el momento presente en la vida que vives, además te ayudará a encontrar el equilibrio cuando te enfrentas a momentos difíciles.

Respirar permite que tu cerebro y cuerpo se oxigenen, puedas ver las cosas con mayor claridad y desde esa claridad hallar la mejor solución a tu problema.

Si te sientes agobiada o preocupada, date el espacio y respira hasta que recuperes la calma.

La respiración es la herramienta más natural que tienes para restablecer tu orden interno.

Día 7
Escuchando conscientemente

—¿Cómo vas con tu práctica de la respiración consiente?

—Si, la estoy practicando, a veces lo olvido, pero esta vez lo quiero hacer parte de mi rutina diaria, así que voy paso a paso.

—El camino se recorre paso a paso y la tarea es entenderlo y recorrerlo, cada quien tiene sus tiempos y sus ritmos, así que no te apresures, sólo sé constante, respira, sonríe y sigue respirando.

Hoy daremos otro paso importante, es otra de tus herramientas naturales, que si la practicas, te ayudará en la compresión de ti misma y de tu entorno, te ayuda a estar a cada momento presente, vamos a empezar.

Respira profundo, sonríe, respira y escucha.

—¿Escuchas a tu alrededor?

—¿Escuchar qué?, no oigo nada.

—Exacto, porque no estás escuchando.

Inténtalo de nuevo, respira, enfoca tu atención en la respiración, pon tu mano en tu corazón, siente tus latidos, cierra tus ojos, imagina cómo sonarían, continua respirando y sintiendo los latidos, escucha, abre los ojos y escucha a tu alrededor, silencia tus pensamientos por un momento y enfoca tu atención en los sonidos del entorno, escucha todo lo que puedas y registra todos los sonidos, hay pájaros, música, el ruido de la calle, sigue escuchando más el sonido del agua, tus propias palabras.

Por lo general tu cerebro filtra los sonidos priorizando los que considera más importantes, según la atención que le das, así que enfoca tu atención en escuchar todos los sonidos, la voluntad te ayuda, puedes escuchar los sin fin de sonidos que te rodean y ser consciente de ellos, escucha tu respiración, el sonido de la brisa, sigue.

El ejercicio lleva varios pasos para ir ampliando tu capacidad de escuchar.

El primero es: practica el día de hoy escuchar todo en tu entorno de manera consiente y registra todos los sonidos, de esta manera, si lo haces regularmente, estarás mejorando mucho en tu capacidad para escuchar.

El segundo paso puedes hacerlo, intenta mientras oyes música, escucha la letra de la canción que tanto cantas, no sólo la repitas en automático, escucha cada palabra y el significado que te trasmite el cantante, ¿estás de acuerdo con lo dice, es algo con lo que te identificas, cómo te hace sentir?, puedes hacerlo también escuchando audio libros.

El tercer paso: escuchar atentamente a cada persona con quien hables, a tu familia, pareja y amigos, al hablar con alguien hoy, escucha atentamente sus palabras. Primero escucha si es necesario responder algo, hazlo, pero principalmente es registrar atentamente cada palabra de todo lo que te digan las personas con quienes hables.

El cuarto paso: escucharte a ti misma, éste debería ser el primer paso, ciertamente, pero para el ejercicio, empezar por escuchar tu entorno ampliando tu capacidad, va a ayudarte a que cuando regreses a escucharte a ti, sea más fácil, sin menos restricciones de tu parte.

Escucha atentamente tu propio discurso mientras hablas con alguien, sé consciente de cada una de tus palabras, haz pausa y escúchate hablar, puedes incluso grabarte a ti misma mientras hablas o escribir lo que piensas y luego leerlo en voz alta, la mayoría de las veces hablamos sin ser del todo conscientes de muchas de las cosas que decimos, prueba a escucharte y hazlo varias veces hasta asegurarte que escuchaste cada detalle.

Antes de dormir puedes hacer otro ejercicio, cuando estés acostado en un lugar tranquilo, cierra tus ojos y pon tu mano en el estómago, respira, sonríe, sigue respirando hasta que te halles en tranquilidad y tu cuerpo relajado.

Ahora, mientras respiras, intenta escuchar los sonidos que vienen de tu cuerpo, escuchar los sonidos de tu estómago, escucha y siéntelos moviéndote en el interior de tu cuerpo, sigue respirando, sonríe, descansa en la paz de tu respiración y en el sonido de tu interior.

Ahora es momento de practicar escucharte a ti misma, entre más practiques es mejor para ti escuchar tu propio diálogo interno, estar atenta a tus palabras, qué es lo que todo el tiempo te dices a ti misma, qué dicen tus pensamientos, qué tanto se repiten en tu cabeza todo el tiempo.

Escribe en un cuaderno todo lo que más puedas sobre lo que piensas y todo lo que escuches de tu propia mente, haz conciencia de tus pensamientos y tus propias voces, escucha lo que tienen que decir, escúchate a ti misma y reconoce tus voces internas.

Si es sólo una, si hay más de un dialogo, sólo sé una observadora. Cuando te des cuenta que tú eres el observador escuchando las voces en tu interior, identifica quién dirige el diálogo, quién da las órdenes en tu interior, después de escuchar puedes llegar a un acuerdo sobre quién debe dirigir el diálogo y quién toma las decisiones sobre lo que tienes que hacer y asume la responsabilidad por tus propias ideas, palabras y diálogo dentro de ti, estando consciente todo el tiempo de tu propio discurso.

Practica también escuchar el sonido del silencio, ve a un lugar donde no haya ruidos y sólo siéntate y escucha el silencio, sumérgete en el silencio, es allí cuando tu mayor reto será intentar que tu mente también permanezca en silencio, ya que será cuando más pensamientos traiga a ti para sacarte de la paz del silencio, prueba a ayudarte concentrando tu atención en la respiración y mordiendo suavemente la punta de la lengua, respirando y escuchando el latido de tu corazón.

—Si surge algún pensamiento, sólo ignóralo, respira, sonríe, permite que tu mente descanse del ruido constante a tu alrededor y en tu interior sólo escucha tu respiración y enfoca tu atención en los latidos de tu corazón, sonríe, sigue lo más que puedas, sostén este estado.

Una vez que descubras lo maravilloso que es y la paz que llega a ti a través de este ejercicio, querrás repetirlo muchas veces, te sentirás más tranquila, enfocada y tu rendimiento será mucho mejor, lo más importante de todo es que estarás despejando uno de tus canales que te ayudan a estar enfocada en el momento actual.

Cada vez que escuchas atentamente todo a tu alrededor, tu mente te mantiene anclada en el presente, dejas de estar pensando en el pasado y preocupada por el futuro, porque tu mente enfoca toda su atención en mantenerte en el momento para que estés escuchando cada detalle.

Haz los ejercicios y nota la diferencia cuando tengas pleno control de tu escucha, tendrás mucha claridad. Mañana haremos otro ejercicio que te ayudará a complementar la escucha, es muy poderoso, respira, sonríe.

Día 8
Contemplación, agudizo mis sentidos

—¿Cómo vas en tu ejercicio de escuchar atentamente?

—Bien, lo estoy practicando, pero noto que me distraigo a veces, estoy atenta escuchando y llega un pensamiento de algo que tengo pendiente, la tarea más difícil no es escuchar, sino callar mi mente para que me deje escuchar, cual niña, me toca todo el tiempo decirle: "silencio" y pausarla para enfocarme en lo que quiero escuchar.

—Estás haciendo un buen trabajo contigo, continúa, vas a notar la diferencia en ti dentro de poco, trabajar con tu mente a tu favor es la tarea más importante que tendrás, recuerda, tú tienes el control, así que siénciala cada vez que sea necesario, pero la tarea principal será escucharla y reenfocarla para que te apoye, lograr que tu mente trabaje en ayudarte a lograr tus objetivos, tu mente se convertirá en tu mejor aliada, sólo debes aprender a reenfocar su atención en lo importante y ser tú quien la guíe desde un nivel de compresión mayor.

El ejercicio de hoy ampliará tu capacidad para observar y auto observarte, este ejercicio es otra excelente herramienta para mantenerte en el momento presente y agudizará tus capacidades en todos tus sentidos.

Ahora respira, sonríe, lo que hoy vamos a contemplar es un excelente ejercicio de observación que te ayudará a ver las cosas en forma diferente y hacer silencios en tu mente.

Empieza por tu imagen frente al espejo, contemplar es sólo observar sin juzgar, sólo observa los detalles, respira, sonríe, observa tu imagen, sólo obsérvate.

Ahora respira profundo, enfoca tu atención en la respiración, cuando estés en calma empieza por observar tu entorno, vas a contemplar el espacio en el que estás, observa los detalles que te rodean, observa cada rincón de ese espacio, las formas, apóyate todo el tiempo en la respiración.

Prueba a morder ligeramente tu lengua, esto te ayuda a callar tu diálogo interno, mantenla todo el tiempo así, respira, observa los detalles, los colores, las formas que te rodean, camina por todo el lugar, sigue mordiendo tu lengua, respira y sonríe, camina.

Si estás en tu casa prueba a recorrer cada rincón de la misma, observa los cuadros, las imágenes, los colores, sólo observa y sigue, lo estás haciendo muy bien.

Si vienen pensamientos a tu mente sigue mordiendo la punta de tu lengua, respira y sólo déjalos salir sin perturbarte, éste es un ejercicio muy poderoso y toma tiempo lograr contemplar en silencio, puedes hacerlo.

Entre más lo practiques, todos tus sentidos se agudizarán y estarás más presente y consciente en cada momento de tu día, en pleno control de ti misma.

Prueba a hacer el ejercicio en la naturaleza, puede ser un parque o hacer una caminata en un lugar rodeado de naturaleza y todo tu camino, sólo contempla cada cosa de tu entorno, mientras caminas observa los detalles, las formas, los colores, escucha los sonidos y sigue respirando, sigue atenta durante tu caminata, atenta a ti misma y respira.

Si hay personas a tu alrededor, está bien, prueba escuchar, observar y no juzgar nada, seguirás presente, consciente, incluso rodeada de gente.

En tu trabajo puede ayudarte a aumentar tu concentración y tu rendimiento, a enfocar tu mente, sigue sonriendo y respirando, puedes enfocar tu atención en algo y observar sus detalles, sus formas, puede ser un objeto, una persona, un lugar y para que tu diálogo interno no te interrumpa, ponlo a detallar lo que observas, sólo detallar, recuerda, sin juzgar.

Y cuando escuches a tu mente emitir algún juicio, sólo déjalo pasar y sigue enfocando tu atención en los detalles del objeto, respira, tu atención también puede estar en el acto consciente de respirar mientras contemplas el objeto, prueba mirar y detallar, tal vez notes cosas que antes no habías visto y que estaban ahí, el tiempo que puedas manejar este estado irá agudizando tus sentidos y aumentará tu capacidad para enfocar y concentrar, así que sigue y practícalo como un entrenamiento diario. Empieza por 10 minutos, puedes ir aumentando de manera natural el tiempo, verás cómo llegará el momento en que pasarás gran parte de tu día consiente observando y será algo muy beneficioso para tu vida.

Ahora ve más profundo, observar y contemplar tus propias acciones, tu forma de actuar, cómo te relacionas con los demás, incluso tus gestos, tus cambios de ánimo, tus miedos, tus deseos, tus sueños, tus ideas.

Contempla todo de ti misma como si te observaras desde afuera, tú mirando una película de cine, tu película, la historia que vives día a día.

Tú eres el observador que observa lo observado, tus vivencias, las experiencias; sin juicios, sólo observa, conoce los roles que desempeñas cada día, mira la experiencia humana que recorres, eres protagonista, también la directora, eres el público que te observa, eres la guionista que escribió esa historia.

Si no te gusta lo que ves, eres la guionista, corrige, cambia, empieza una nueva etapa de tu vida, respira, sonríe, observa la película de tu vida frente a ti, los caminos, las opciones que se presentan, sigue observando cada día y cuando te des cuenta que algo quieres cambiar o mejorar o integrar a tu vida, detente y recuerda que eres protagonista, también directora y guionista, así sólo depende de ti.

Los demás personajes de tu historia se interconectan con la tuya, pero son también protagonistas de sus propias historias, no debes preocuparte por la historia de los demás, concéntrate en la tuya, en las cosas que están en tus manos, pero si eso incluye alterar la historia de alguien más para que encaje en la tuya, debes saber que el libre albedrío es igual de respetado para todos y tú no puedes interferir en la historia de otro sin su permiso.

Los acuerdos que existen de compartir y de participar juntos como almas, son respetados por elección propia de cada uno, sin forzar nada y las ayudas a los que amamos pueden ser ofrecidas, pero cada quien debe elegir si la desea o no recibir, en ese caso debes respetar al otro que, como tú, camina su sendero y es protagonista de su historia.

Cuando tú cambias desde tu interior, todo se refleja a tu alrededor, así que verás cómo muchas cosas se organizan por sí mismas, tú cambias y la forma como percibes el mundo cambia.

Así que no te afanes, porque querer cambiar a los demás, asume la responsabilidad de tus propios cambios y deja de pensar que tu cambio depende de alguien más y que los demás deben cambiar primero, asume el control de tu vida y permite que los cambios sucedan en ti, por reflejo, los demás a tu alrededor verán tu cambio y tomarán sus propias decisiones.

Incluso si se trata de tu propia familia, debes respetar sus propias vivencias, aunque no estés de acuerdo con ellas, así tu amor quiera protegerlos del dolor de sus experiencias, así sepas que se equivocan o que se hacen daño, es difícil, lo sé, puedes apoyarlos caminando a su lado, darles ánimo, ayudarlos a levantar, secar sus lágrimas, aconsejar, escuchar, incluso llorar a su lado, pero nunca podrás caminar sus propios pasos, ni tomar sus decisiones, son almas igual que tú que viven su propias experiencias.

Piensa en ti y en cómo tu camino lo recorres por ti misma y cómo te fortaleces con cada paso que das. Recuerda la fábula de la mariposa, que estando en su crisálida ya lista para salir, ella debe luchar en su interior para salir de la crisálida, pero alguien que observaba la lucha de la mariposa en romperla, pensó en que sufría y quiso ayudarla, así que intervino en el proceso ayudando a la mariposa a romper la crisálida con sus manos y efectivamente, la mariposa salió más rápido de la crisálida... pero resulta que sus alas necesitaban el proceso de lucha interior para fortalecerse y que cuando saliera pudiera volar con sus alas fortalecidas y esta persona descubrió una gran realidad, su ayuda no había hecho ningún bien, ya que la mariposa no pudo fortalecer bien sus alas y ahora no podía volar.

Así que recuerda esta fábula cuando te sientas tentado a interferir sin permiso en la vida de alguien, esas experiencias fortalecen sus alas, ayuda a los demás cuando te pidan ayuda, pero recuerda que deben recorrer sus propios aprendizajes y respetar su proceso y el tuyo.

Día 9
Reconociendo mi cuerpo físico

—Vas por buen camino, luego de observarte desde afuera y contemplarte, regresa a tu cuerpo.

El ejercicio de hoy es para reconocer tu cuerpo desde la conciencia plena de su función e importancia fundamental en tu vida. Para empezar, quiero preguntarte, ¿cuántos cuerpos tienes?, ¿acaso tienes más cuerpos guardados en tu clóset para cuando se te dañe el que usas?

—No, sólo tengo uno, lo sé, sé que a veces no lo cuido lo suficiente, pero estoy aprendiendo a hacerlo.

—Exacto, sólo tenemos un cuerpo en esta vida para disfrutar de ella, si lo dañas te quedas sin él y antes de que se acabe tu tiempo en este planeta, tu cuerpo estará averiado para disfrutar de tus experiencias, así que sólo tú puedes cuidar de él para que te acompañe hasta cuando sea necesario.

Empecemos el ejercicio, respira profundo, cierra tus ojos, respira, sonríe, sigue respirando y cuando los abras, vas a observarte, puedes hacer este ejercicio sin ropa frente al espejo, si lo deseas, la finalidad es el reconocimiento y la aceptación, así que debe hacerse sin juzgar ningún detalle de tu cuerpo.

En estos ejercicios no necesitas juzgar nada de ti, sólo mírate, detalla cada parte de ti, el color de tus ojos, la forma de tu nariz, recuerda ser amable, no critiques nada de tu cuerpo, sólo obsérvalo amorosamente, es el vehículo que te acompaña, puedes sentir tu piel al tocar tu rostro, sonríe por un minuto, haz conciencia del cuerpo que tienes y por un minuto lo agradeces.

Dale gracias por permitirte vivir esta experiencia con él, puedes abrazarte a ti misma y decirle que lo amas y lo aceptas tal cual es, recuerda, sin juzgar los detalles que no te agreden de ti misma, empieza por aceptar el cuerpo que tienes y amarlo.

Ahora recorre tu cuerpo expresándole gratitud, a tus ojos que son las ventanas por las que miras el mundo que te rodea, dale las gracias y siéntelo profundamente. A tu nariz que te permite respirar el aire que te anima, dale las gracias y siéntelo profundamente.

Tus oídos que te permiten escuchar los sonidos a tu alrededor, tu boca con la que hablas, con la que te alimentas, a tus brazos con los que te relacionas y te permiten tocar y sentir las caricias de los que amas, a tus pies que te sostienen y te llevan por el camino que recorres, a cada parte de tu cuerpo dale las gracias por su función y siéntelo profundamente, respira y sonríe.

Ahora, cierras tus ojos y, con tus manos en tu corazón, mira por dentro de tu cuerpo, lleva tu conciencia al interior y dales las gracias a todas las partes maravillosas que hay dentro de ti, a tus órganos internos, a tu corazón que palpita sin parar, sinónimo de que estás vivo, tu hígado, a tu riñón, tu estómago, tu sangre que recorre tus venas, a tus células que trabajan todo el tiempo en tu beneficio.

Observa cada parte de ti interna, todos tus sistemas, toda la estructura que te acompaña, ahora sube a tu cabeza y mira tu cerebro, es todo un sistema de red computarizada haciendo miles de funciones a la vez, procesando miles de datos al tiempo.

En este preciso instante, sólo para que puedas leer estas páginas, para que puedas entender esta información y al tiempo sosteniendo todo el funcionamiento de tu cuerpo, para que puedas respirar mientras lo haces. Tu corazón esté en calma mientras lees estas palabras y siga latiendo y no pare de latir mientras estás vivo, al tiempo que procesa la comida que ingeriste, el café de hace un momento y mientras trabaja para que sigas viva a cada momento y todo funcione en el orden adecuado, dale las gracias y siéntelo profundamente.

Por lo general no nos detenemos a pensar en las partes de nosotros mismos que no vemos o a reconocer la importancia de cada órgano, de cada célula, de cada partícula que nos forma nuestro cuerpo magníficamente diseñado para mantenernos viviendo esta experiencia.

Hoy sé amorosa con tu cuerpo, con tus órganos internos y externos, sólo envíales amor y gratitud reconociendo su arduo trabajo constante.

Es tu cuerpo el vehículo que te permite experimentarte en este mundo, exprésale gratitud, reconoce su importancia y exprésale tu amor y respeto.

Piensa en tu cuerpo como un organismo sagrado que te permite integrar las experiencias que vives, aliméntalo con amor, cuídalo, consiéntelo y dale lo mejor, agradece su función en tu vida

Sonríe y date un gran abrazo a ti misma, respira y sonríe, Revisa en tu interior cómo te sientes.

Mañana continuaremos en tu cuerpo, esta vez despertando su propio proceso de sanación.

Día 10
Auto-Amor, despertando a la sanación

Este es un ejercicio de auto amor para poder despertar tu propia capacidad de auto sanación, dejar de buscar afuera y mirar lo que hay en tu interior y reconocer la sabiduría de tu propio cuerpo, de tus propios órganos y tus células.

El cuerpo humano fue dotado de su propio mecanismo natural de sanación, todas las células trabajan en la recuperación del estado natural de cada órgano, en restablecer el equilibrio interior, pero desconocer nuestros propios mecanismos nos hace buscar afuera la solución a nuestros malestares físicos, muchas veces creando en nuestra mente la idea de que necesitamos ese medicamento externo para sanar y nuestro cerebro ejecuta esas órdenes, entonces se crea la idea de que es la única forma de sanar.

Si recuerdas, antes de la creación de la medicina farmacéutica, el ser humano utilizaba la medicina natural para restablecer el equilibrio que el cuerpo perdía o sanar heridas y muchas enfermedades básicas, sólo el guardar reposo y cama sanaban.

No digo que no haya medicina avanzada que es utilizada y logra buenos resultados, sobre todo porque el ser humano olvidó cómo sanarse a sí mismo.

—Es cierto, desde muy pequeños nos enseñaron a sanar a través de la medicina farmacéutica y así es como ese recurso interior no se utiliza, pero empezamos a darnos cuenta de la maravillosa construcción de nuestros cuerpos y saber que cuenta con todo un sistema que podemos potenciar y de esta manera ir cambiando esa programación.

—Un simple ejemplo, ante cualquier herida del cuerpo, por muy pequeña que sea, ocurren una serie de sucesos que ponen en marcha el proceso de coagulación de la sangre para que dejemos de sangrar, se empiezan a reconstruir las células que se perdieron en la herida, en la piel, los glóbulos blancos empiezan a defender de las bacterias, la piel, nueva surge y cuando nos damos cuenta, la herida sanó, a nivel interno también ocurre.

Pero muchas veces el origen de la enfermedad, consciente o no, sigue allí y sin darnos cuenta, seguimos generando los mismos síntomas y sin un control de ellos, nuestro cuerpo pasa todo el tiempo en la lucha para restaurar y nosotros seguimos generando el malestar.

Por eso es muy importante conocer cómo funciona nuestro cuerpo internamente, cómo sanamos y también cómo enfermamos.

El cuerpo humano enferma por muchas razones, la mayoría viene de nuestro cuerpo emocional, mental y energético, algunas alteraciones fisiológicas o hereditarias, pero también de los cuidados que no le damos en forma apropiada a nuestro cuerpo físico, como son la alimentación, drogas, alcohol o maltratos y no respetar sus ciclos naturales.

Un ejemplo sobre la alimentación que le damos a nuestro cuerpo, es que a veces lo enferma y lo pone a trabajar enormemente en tratar de digerir lo que le hace daño, es reconocer que lo que comes lo enferma y lo sabes, ya lo has identificado y aun así lo sigues consumiendo.

Muchas veces nuestra alimentación está siendo guiada por las costumbres que aprendimos desde niños y es algo cultural, de la manera como nos alimentaron nuestro padres tendemos a alimentarnos igual, así que lo primero es reconocer este hecho y empezar a revisar si realmente lo que aprendimos nos hace bien y qué cambios debemos incorporar en las mejoras de nuestra salud, por otro lado está el hecho de que cada uno maneja diferente metabolismo y las necesidades nutricionales son personales y diferentes, por eso el trabajo es evaluar cada uno lo mejor posible.

A medida que aumenta el reconocimiento de lo importante del cuidado, nuestro cuerpo, que es nuestro vehículo de experiencias y aumentamos nuestro amor propio, nuestra salud se ve mejorada, esto va a reflejar un aumento de energía y vitalidad, ya que nuestros canales internos también se despejan. Ánimo, consiente a tu cuerpo dándole amor y alimentándolo con lo más sano para él.

También está la carga emocional y mental que afecta el cuerpo físico, ya que las emociones y pensamientos negativos que sentimos y creamos desde esos niveles de nuestros cuerpo emocional y mental, recaen en el cuerpo físico, afectando su salud para bien o para mal, ésta es una de las principales causas de la mayoría de las enfermedades.

De ahí la importancia de cuidar nuestras emociones y también nuestros pensamientos, somos seres integrales y como tales, debemos darnos cuenta de que estamos conectados, nuestro cuerpo, nuestras emociones, nuestros pensamientos, todo nuestro ser interior y el entorno que nos rodea y a las personas que les hemos dado el poder para afectarnos.

Todo en cadena, lo que pasa a una estructura afecta a la otra y se genera el desequilibrio.

Desde el ser consciente practica todos los días en recordar que tu cuerpo guarda la sabiduría para sanar dentro de él mismo y háblale a las células, pídeles que sanen, agradece su proceso y envíale amor a cada parte de tu cuerpo, siéntelo, respétalo y cuídalo.

El ejercicio de hoy es un ejercicio de auto amor para ayudarte a despertar tu propio proceso de sanación.

El día de hoy mírate en el espejo, respira profundamente, sonríe, acércate, mira tus ojos, sonríe, ahora tócate el rostro, toca tus ojos, respira, sonríe, mira tus manos, obsérvalas, acércalas una a la otra sin que lleguen a tocarse totalmente, mira la palma de tu mano, detalla su interior, recuerda, sin juzgar nada de ellas, sólo amorosamente, mira tus manos y piensa qué función tienen en tu vida, para qué las usas, cuánto das con ellas, cuánto recibes, cuánto te permiten sentir.

—Bueno, mis manos las uso para todo, para agarrar, tocar, acariciar, son súper indispensables en mi vida.

—Vamos a hacer un ejercicio con ellas para que trasmitas amor y energía a todo tu cuerpo.

Respira, puedes hacer este ejercicio sentada o acostada, permite que tu cuerpo se relaje, enfoca tu atención en la respiración y siente la paz de la calma, respira cuando estés lista, empieza.

Frota tus manos entre sí por 30 segundos y siente el calor que irradian, nuevamente frotas tus manos y sintiendo profundo amor en tu corazón, sonríe y suavemente coloca tus manos sobre tu ojos y siente la energía, déjalas por unos minutos, siente el calor que irradia de tus manos, piensa en la labor de tus ojos, en tu vida, cuánto te permiten observar el mundo en el que vives y exprésales gratitud y amor, cuando estés lista, respira, sonríe.

Sigue frotando tus manos 30 segundos más, ahora colócalas en tus oídos, respira, sonríe y siente el calor de tus manos en tus oídos mientras los tapas, envíale amor a tus oídos, disfruta de la sensación y envíale gratitud por cuánto te permiten escuchar los bellos sonidos de la vida, sonríe, respira... sigue respirando, sonríe.

Frota nuevamente tus manos, colócalas en la parte trasera de tu cabeza y envíale profundo amor y gratitud a tu cerebro por todo cuanto te permite comprender y procesar en tu vida, respira profundo y mantén la posición por un par de minutos, ahora coloca tus manos en tu cuello, recuerda frotarlas y enviarles amor y gratitud por cuánto puedes comunicar, respira, sonríe.

Frota nuevamente tus manos y esta vez ponlas en tu corazón, déjalas por al menos unos minutos, sigue sonriendo y respira. Concentra tu atención en los latidos de tu corazón, en la respiración y sonríe, levanta tu cabeza ligeramente hacia arriba y coloca tu lengua ligeramente el cielo de tu paladar, sigue respirando y sonríe. Continúa el ejercicio con cada parte de tu cuerpo, puedes hacerlo diariamente de manera amorosa con sólo poner tus manos cálidas en cada parte de tu cuerpo y enviarle amor a cada órgano sonriendo y respirando, siempre empieza por sólo unos minutos y cuando estés lista, puedes permanecer más tiempo en cada lugar de tu cuerpo el tiempo que sea necesario, el tiempo que necesites para centrar tu atención en tu propio cuerpo, ponte la meta de hacerlo cada día y de esta forma lograrás mejorar incluso la salud de tu cuerpo y aumentar tu propia autoestima.

Día 11
Sanando a mi niña interior, aprendo a compartir con ella

—Respira, sonríe, mírate al espejo y dile algo amable a tu imagen en el espejo, dile qué cosas te gustan de ella, qué valoras, qué admiras, solo sé amable contigo misma, seguro que te verás tentada a decir cosas que no te agradan y que quisieras cambiar de ti, pero sólo por hoy, sé amable.

—Sí lo intento, aún no resulta fácil decirme palabras amables a mí misma, pero lo sigo haciendo.

—Muy bien, continúa, hoy vamos a hacer un bello ejercicio.

Puedes buscar una foto de cuando eras niña, si tienes, si no, recuerda algún momento de tu niñez, el primero que venga a tu memoria, sólo déjalo salir, observa cómo eras, qué estabas haciendo, qué experiencia salió a flote, revisa cómo estabas vestida, en qué lugar estabas, refresca todo el entorno, no te preocupes por nada, sólo lo que logres recordar, está bien.

Ahora acércate a esa niña, párate frente a ella e imagina que estás ahí, siéntate a su distancia y habla con ella, si los recuerdos que tienes no son tan bonitos como quisieras, sólo date un abrazo y dile que todo va a estar bien, vas a superar toda esa etapa y envíale amor, enfócate en ese niña que eras y escucha lo que tiene que decir, cómo se siente, qué le preocupa, qué le molesta, a qué le teme, qué la entristece y qué la hace feliz.

Registra en un cuaderno todas tus impresiones sobre esa época que viviste, anota todo, respira, sonríe sin de dejar de ver la imagen o imaginar que estás frente a ti misma en esa edad, dale las gracias por tu aprendizaje y continúa enviándole amor, respira, sonríe.

Ahora dale a esa niña, que eres tú, todo el amor que puedas, dile lo maravillosa que era, dile todas las cosas buenas que tiene, dile cuánto aprecias todo el esfuerzo y las cosas que hizo y anímala a seguir adelante, dile cuánto la amas e imagina que abrazas a ese niña, parte de ti misma, que está ahí frente a ti, ahora imagina que esa niña te sonríe y te abraza también.

Así que sonriendo, integra esa parte de ti dentro de tu corazón con la plena sensación de bienestar y de infinito amor, sigue sonriendo y recuerda que esa niña aún vive en tu corazón, sé amable con ella, respira profundo y sonríe.

Evalúa cómo te sientes.

—Me siento muy bien, disfruté hablar con mi niña interior, pensé que sólo eran recuerdos de la infancia, no pensé que aun en mi interior hubiera una niña, ha sido muy bonito ver y sanar todas esas experiencias.

—Es un paso muy importante, luego de haber mejorado tu relación con tu niña interior y saber que vive dentro de ti, es momento que tengan un día juntas, a solas, es momento de hacer algo diferente, divertido, sólo tú y tu niña interior.

—Cómo es eso, ¿se puede?
—Sí, ve a un lugar que te guste mucho o puede ser un lugar que te hubiera gustado ir cuando niña, puede ser un parque de diversiones o una pista de patinaje o salir a manejar en bicicleta o salir a caminar a un parque, playa río o lago o ir a una granja de animales y pasar un día divertido, puedes incluir comer un helado o un copo de nieve o palomitas de maíz, puede ser ver una película infantil, cualquier cosa que sea diferente y que tu niña interior disfrutaría.

Prueba a consultar con ella, pon tu mano en el corazón y pregúntale: "Mi querida niña ¿qué te gustaría hacer hoy que sea divertido para ti y que podamos pasar un día juntas?".

Una vez que sientas la respuesta en tu mente y sientas alegría en tu corazón, ya está, sal a disfrutar de un día para ti y tu niña interior, es preferible hacer este ejercicio por primera vez sin invitar a nadie más, una vez que lo hagas, puedes seguir haciéndolo sola o ir con otras personas, pero tendiendo en tu conciencia que tu niña interior se va a divertir, recuerda respirar y sonreír, imagina que tu niña interior también sonríe, guarda esta imagen de felicidad en tu interior.

—Esto va a ser muy interesante, he salido muchas veces sola y me he divertido, pero nunca había pensado que mi niña interior se divirtiera, y sé que todos fuimos niños, y en nuestra niñez, para unos hubo muchos momentos de felicidad y otros no tan felices.

—Exacto, para muchas personas, en la niñez hubo momentos vividos en los que esa niña experimentó situaciones difíciles, experiencias tristes de dolor o de enojo, incluso algunos niños, vivieron experiencias que pudieron marcar profundamente la comprensión de la vida en ese momento, desde lo injusto o lo difícil que pudo ser, sea cual sea tu experiencia en tu niñez, es importante sanar esa experiencia, ya que si ese niña creció llena de dolor, resentimiento, tristezas, recuerdos o rencores, todo eso alimentó al adulto que hoy eres.

Esa niña creció dentro de ti y para hacer el paso a la vida adulta, se escondió en tu interior, en un rincón y allí vive, y hoy tú, adulta, simplemente no piensas más en ella y ya todo fue un simple recuerdo, pero a veces, cuando menos te lo esperas, desde ese lugar que vive tu niña interior sale y saca sus emociones al mundo, cuando te enojas, cuando estás cansada, haces una pataleta y luego tú misma no sabes por qué hiciste esa pataleta, a lo mejor no era para tanto, pero fue tu niña interior manifestándose.

Esa niña vive en ti, si no fuera así, mientras lees estas palabras no hubieras recordado todas esas experiencias de tu niñez que ahora vienen a tu mente.

Estos ejercicios que te relacionan con tu niña interior, que te ayudan a que sanes, toda esas experiencias que viviste, son de gran ayuda, haz conciencia y dile a tu niña interior que todo estará bien, ella, a esa edad, no podía entender muchas cosas, pero hoy, ya sabes que todo pasará y puedes darle recursos que hoy tienes.

Lo primero será escucharte y permitir que esos recuerdos salgan, soltarlos y agradecerlos, puede que tu niña aún esté resentida con personas en tu vida, como tus padres, amigos u otros familiares que la niña pudo sentir que la lastimaron, es momento que le enseñes a la niña a perdonar, a reconocer el enojo y dejarlo salir y luego perdonar, también a perdonarse a sí misma si hay sentimientos de culpa.

Pregúntate para qué necesitas seguir guardando todos esos recuerdos que sólo te generan dolor o tristeza, recuérdale a tu niña los momentos bonitos, los juegos y pídele que se enfoque en esas cosas buenas que pasaron y que sonría, con un fuerte abrazo saca a tu niña interior de ese rincón y déjala vivir en tu corazón, pero esta vez sonriendo y siéntete feliz.

—Es cierto, no podemos cambiar el pasado que vivimos pero sí podemos elegir qué recuerdos cargar de ese pasado y definitivamente no es necesario cargar los recuerdo que nos lastiman, podemos elegir qué queremos guardar en nuestro corazón y qué ya no queremos.

Elige lo mejor para ti y para la niña que vive en tu corazón, sonríe, respira.

Día 12
Mi historia, quién creo que soy y cómo me ven los demás

—Respira, sonríe, respira profundamente, sigue respirando de manera natural, sonríe, ve tu imagen en el espejo, sonríe, muy bien, estás haciendo un maravilloso trabajo contigo misma, sonríe.

Sonríe, eleva tu cabeza al cielo y sonríe, el día de hoy vamos a hacer otro ejercicio.

Hoy vas a escribirte una carta a ti misma contándote todo lo que llegue a tu mente sobre quién eres, es una carta como si se la dirigieras a alguien que nunca te ha visto, donde vas a describirte en todas las facetas que conoces de ti misma en todas las áreas de tu vida, al final, esta carta la vas a leer frente al espejo, puedes empezar por describir tu aspecto físico, luego tus gustos, tus costumbres, ideas, tus hobbies, luego tus valores, tus ideales tus sueños y como si en esa carta pudieras describir tu mundo a alguien que nunca te ha visto, no te límites a describir todo lo que eres.

Piensa como si fuera una historia de ti misma, las películas favoritas, las música que te gusta, los miedos que guardas, los sueños que tienes, tus animales preferidos, todo cuanto creas saber de ti misma, no te preocupes qué tan extensa pueda ser tu carta, sólo escribe todo lo que puedas.

Ahora, otra parte de este ejercicio va a ser pedirle a tres personas diferentes, pero cercanas a ti, que hagan una carta para ti describiéndote en todo lo que ellos crean que eres tú, es preferible que una persona sea algún familiar cercano tuyo, otra persona sea alguien amigo cercano a ti y otra puede ser algún compañero de trabajo, este ejercicio va a mostrarte una faceta externa, la manera como otros te ven desde afuera, lo que tú proyectas, qué tanto conocen de ti, pero cuando tengas las cuatro cartas, deberás leerlas y comparar cómo te ves, cómo te ven.

Asegúrate de pedir a las tres personas que escriban una carta sobre ti describiendo cómo eres, como si le contaran a alguien sobre ti, no con la intensión de alagarte, sino de describirte y como proceso de auto conocimiento, así que pueden ser lo más honestos posibles y tú debes ser lo más comprensiva posible de recibir esta información, incluso si no te agrada.

Recuerda, es como los demás te perciben, eso significa que deben tener los mismos parámetros generales, aspecto físico, gustos, intereses, hobbies, preferencias musicales, películas, forma de pensar, aspectos de personalidad, animales favoritos, formas de actuar ante situaciones, errores que cometes, debilidades, fortalezas, carácter, todo aquello que la personas crea saber de ti. Puedes hacer una lista y dárselas para que ellos sepan sobre qué deben describir de ti en la carta y que incluyan todo lo que más puedan adicionar a la carta.

Luego, cuando estés lista con las cuatro cartas, te paras frente al espejo y lees una a una, esto te va a abrir un referente sobre ti, no es hora de juzgar ni cuestionar, sólo son percepciones que tú tienes y lo que los demás reciben de la forma como te proyectas, recíbeles con amor y observa las diferencias y las similitudes, la forma como te muestras, lo que eres consciente y lo que no te dabas cuenta que los demás veían de ti, observa todo y luego será el momento de revisar y de reconocer.

—Si, la mayoría de las veces tenemos la idea que el mundo nos ve de la misma forma como nosotros nos vemos y descubriremos luego que no es así, nosotros tenemos una percepción de nosotros mismos y las personas que nos rodean otra percepción diferente e incluso entre todas las personas que nos conocen es diferente.

Esto es asociado a la manera como nos expresamos al mundo y a los roles desde los cuales nos relacionamos con los demás, también está asociado a que muchas veces nos mostramos desde muchos niveles al mundo, incluso desde el lenguaje no verbal y el inconsciente se manifiesta de esta manera, a veces no somos conscientes de lo que estamos mostrando, pero los demás pueden sentir algunas cosas que nosotros no vemos de nosotros mismos, está bien vernos reflejados en el espejo que son los demás y tener el valor de reconocernos en esos reflejos.

Un ejemplo muy interesante de cómo verte a ti mismo:

Imagina tu vida como si fueras un gran árbol, las hojas representan lo que exteriorizas, la forma de vestir, la música, los hobbies, tu idioma, tus gustos alimenticios, expresión del arte, tus preferencias, la forma en cómo te relacionas, es la parte más externa de ti misma y es la que puedes cambiar más fácilmente y de hecho lo haces constantemente a medida que vas creciendo en tu proceso.

Luego está tu tronco, que representaría tus valores, tus creencias, tu identidad, tus modales, tu educación, esta parte es fuerte dentro de ti y son lo que tú reconoces como tu manera de ser.

Luego están tus raíces, son aspectos más profundos en ti, allí se ubican tus valores, religión y creencias más profundas, sobre todo las recibidas en tu crianza, que marcan tus raíces familiares y tu sentido de pertenencia e identidad.

La mayoría de las personas a tu alrededor pueden ver fácilmente tus hojas y seguro te describen, por esos aspectos generales, las persona más cercanas a ti y que te conozcan más profundamente, pueden ver tu tronco, pero tus raíces siguen siendo muchas veces los aspectos más profundos para mostrar a otros y sólo las personas más cercanas pueden llegar a identificarlas en ti.

La segunda parte del ejercicio es tomar las cuatro cartas que tienes de ti mismo y dibujar un gran árbol, colocar tu nombre, recuerda que eres tú con sus hojas, tallo y raíz e identifica estos aspectos de tus cartas en tu dibujo sobre ti misma, escribe cada aspecto de ti donde corresponda, y cuando termines, mira tu árbol, ahora puedes completarlo si crees que hacen falta datos importantes, sobre todo en tus raíces o tallo.

Una vez que tengas tu árbol actual, evalúa cómo te sientes, es momento de decidir si hay cosas en tu árbol que cambiar, si están en las hojas, en el tallo o en la raíz y qué nuevos aspectos quieres agregar a tu árbol.

Evalúa todo el ejercicio y todo lo que has descubierto de ti.

Día 13
Pasado, presente y futuro, creando la mejor versión de mí misma

—¿Cómo te fue con tu árbol?

—Es una visión de mí misma en un nivel profundo, pude ver los aspectos de mi vida y darme cuenta de las cosas que puedo y quiero mejorar y cambiar.

—Muy bien, seguimos hoy con otro ejercicio importante, sonríe, respira profundo, seguiremos hoy escribiendo.

Esta vez el ejercicio será el siguiente: vas a escribir sobre ti misma en tres facetas de tu vida preguntando a ti misma.

1a. Faceta. Quién eras en el pasado. Aquí vas a describir, hasta ayer, tu historia de quién crees que eras, qué cosas te gustaban antes, cómo te veías a ti misma antes, cómo te sentías hasta ayer en todos los niveles de tu vida.

2a. Faceta. Quién eres hoy aquí. Sólo puedes describir el momento presente, nada en relación al pasado o al futuro, sólo hoy frente al espejo, quién eres y cómo te sientes, cómo eres hoy, lo que piensas, lo que sientes, cómo te ves a ti misma, cómo estás físicamente, mentalmente o emocionalmente, descríbelo todo sólo al día de hoy.

3a. Faceta. Imagina la mejor versión de ti misma, cómo puedes ser, aquí puedes crear el personaje que tú quieras e imaginar cómo deseas ser mañana, la próxima semana o en el futuro cercano o lejano, no tienes que limitar nada ni cuestionar si es posible o no puedas llegar a ser esa persona que imaginas, sólo mírala, visualízala y descríbela, puedes describir tanto como quieras, desde lo físico, lo emocional o lo mental, todas las facetas, lugares, cosas que te gustaría hacer, describe todo lo que puedas, el futuro es una realidad que tú puedes co-crear.

Así que sé creativa con lo que te gustaría que fuera la mejor versión de ti misma, siente la felicidad de lograr ser eso que deseas, siéntete inmensamente feliz, crea esa realidad desde tu mayor alegría de serlo, respira y sonríe, mantén la imagen en tu mente todo el tiempo que puedas y rodéala de amor y felicidad.

Es importante que sepas que todo aquello que afecte tu vida en algún nivel, cae en tu campo de creación, así que si puedes incluir tu familia en tus planes, respetando la parte de su libre albedrío, tú puedes hacer la creación y si esa creación resuena con su proceso y ellos quieren participar del tuyo, perfecto, ellos pondrán acompañarte y si no, tendrás que entender que es su decisión y respetarla y seguir adelante con la parte que depende de ti, que es parte del tuyo.

—Todo el tiempo estamos creando nuestro futuro pero no nos damos cuenta, desde las cosas más sencillas como qué ropa ponernos hoy o mañana qué vamos a comer, a dónde vamos a ir, cómo quieres decorar algo, qué camino tomar mientras manejas, qué vas a hacer el fin de semana, todo el tiempo estamos decidiendo sobre el futuro a corto o mediano plazo, inclusive a largo plazo.

—Exacto, todas son decisiones que tomaste ayer o tomas hoy y que afectan tu futuro, así que es importante reconocer tu poder creador para que dejes de pensar que eres víctima de un destino que no controlas o seguir haciendo creaciones desde otros niveles de ti misma, como desde la inconsciencia.

Es decir, sin darte cuenta de lo que creaste desde el miedo o incluso crear para ti el deseo del otro.

Esto es hacer lo que otros te dicen que debes hacer o seguir buscando y aceptando que el sistema, los medios, el gobierno, tus padres, tus amigos o tu pareja, dirigen tu vida.

A veces por desconocimiento o por miedo de no saber hacia dónde ir dándole a los demás el poder de decidir por ti el camino que sólo tú puedes recorrer, así es como debes asumir las riendas de tu vida presente y saber que sólo se crea futuro desde el momento o presente, desde este presente lo sueñas, lo imaginas, lo decides y luego lo recorres hasta llegar a él, así que descubre hoy que tu futuro depende ti, de modo que encárgate de él de forma creativa y responsable.

Y sabes que cada día puedes crear un mejor futuro para ti, si te equivocas puedes corregir y empezar de nuevo, el futuro es una página en blanco que espera ser escrita por ti, ahora, desde este conocimiento, sé el artista que quieres ser.

El ejercicio es, luego de identificar a través de lo que escribiste en cada faceta de ti misma, quién eras, quién crees que eres y quién quieres ser, observa cada una de estas facetas y ahora enfoca tu atención en quién quieres ser, revisa cada aspecto de esa que sea la mejor versión de ti misma y escribe todo cuanto se te ocurra que puedes hacer y que dependa de ti para lograrlo. No te preocupes si algunos aspectos no dependen de ti, sólo enfócate en aquellos que sí, anótalos y ponlos en un listado de metas a realizar, algunas pueden ser a corto plazo, a mediano plazo o largo plazo, lo importante es definirlas y ponerles un tiempo y ya en este momento crear una lista de pasos para llegar a ella, esta lista debe estar en un lugar visible contigo, para de esta manera recordar regularmente tus metas e ir tachando lo que vayas consiguiendo, anímate a ti misma, recuerda que eres la creadora de tu realidad y si esta realidad es algo que quieres crear, enfoca tus energías en hacer lo que debas hacer para lograrlo.

Día 14
Liberando emociones del pasado. Sanación y limpieza

Respira profundo, sonríe, respira, sonríe.

—Es hora de soltar las cargas emocionales de tu pasado que no te dejan avanzar en forma liviana hacia el futuro y conseguir la mejor versión que deseas crear de ti misma, es más fácil si viajas liviana, sin cargas.

—Qué son esas cargas emocionales a las que te refieres.

—Tu historia, tu pasado, pero no como la información que tienes de ti misma, sino todas esas memorias que cargas de tu historia que realmente no te están ayudando a cambiar, sino a mantenerte en el mismo lugar.

Es decir, es difícil pensar diferente si sólo repites los mismos patrones de pensamiento que conoces de ti misma, es como caminar en círculos todo el tiempo y seguir igual.

—Sí, por eso es que si seguimos haciendo lo mismo que veníamos haciendo, pensado igual, actuando igual, el resultado será el mismo.

—Es momento de empezar a soltar la vieja versión de ti misma, agradecer a esa versión por acompañarte todo el camino, verte frente al espejo y darle las gracias y enviarte mucho amor, pero decirle que es momento de enfocar tu atención, no más en el pasado, sino en el presente y desde aquí proyectar el futuro que deseas tener.

El ejercicio de hoy significa ser consciente de las cosas que te pesan de tu pasado, sólo desde la conciencia puedes ayudarte a soltarlas y lo que vamos a hacer es escribir un listado de todas las cosas que recuerdes que te produzcan tristeza, enojo, dolor, puedes escribir, incluso, el nombre de las personas que pienses que te hicieron daño, también puedes escribir situaciones, puedes agregar a tu lista tus propios pensamientos sobre ti misma que crees que te lastiman, cosas como sentimientos de inferioridad, pensamientos de que no eras capaz o sentimientos de culpa por cosas que hiciste en el pasado, todos los errores que has cometido, las palabras de las personas que te han juzgado por esos errores, el miedo que has sentido, el enojo, la frustración, incluso el odio o el resentimiento.

Escribe todo cuanto puedas recordar y al final deja un espacio en blanco y entre paréntesis, escribe todo aquello que no recuerdas bien que te lastimó, todo aquello que sepultaste en tu memoria o en tu corazón profundamente.

—Una vez que tienes tu lista de todo aquello que has guardado y acumulado en tus recuerdos, léela en voz alta y trae a tu mente cada situación, evento, momento y sentimiento, respira profundo y deja que salga todo lo que necesita ser liberado, no contengas nada, haz conciencia de todo lo que sientes en este momento, respira profundo y haz la respiración profunda con un fuerte exhalación, libera todas las emociones que han estado ahí por tanto tiempo. Una vez que todo está afuera vas a escoger una piedra por cada uno de las cosas que tienes en tu listado, vas a guardar en un bolso todas las piedras que has escogido, una piedra por cada situación o evento, puedes catalogar por impacto el tamaño de la piedra, es decir, más grande cuanto más sufrí, más pequeña si fue sólo una emoción o simplemente de igual tamaño para todas, una vez que tienes todas tus piedras en tu maletín, carga tu maletín, haz conciencia de cuánto pesa, ahora imagina que llevas contigo ese bolso durante todos estos años, todo el tiempo contigo, cuántas piedras cargas, cuántas emociones, cuántas situaciones pesan en tu vida.

¿Deseas seguir con ese peso contigo?, si estás lista, vamos a liberar todo eso de ti.

El siguiente paso del ejercicio es: elige un lugar donde quieras liberar ese peso, puede ser un rio, un lago o el mar, preferiblemente debe ser un lugar donde haya agua, y preferiblemente en forma simbólica, lejos de ti. Vamos a ese lugar, si fue una playa o un río y con la lista en mano y habiendo cargado el bolso lleno de piedras todo el camino, te paras frente al lugar y tomas la decisión desde la conciencia, de que es momento de soltar todas las cargas que has tenido todo este tiempo en tu vida, abres el bolso y empiezas por liberar una a una, a medida que la lees, dices tu nombre y repites:"Aquí, ahora desde mi conciencia, me libero del miedo, del enojo de esta situación, de esta persona que me ha hecho daño".

Y así sucesivamente de todas y cada una de las cosas en tu lista respirando profundamente y al soltar las piedras, dirás: gracias por las lecciones aprendidas y con este sentimiento sueltas la piedra, hazlo con todas.

Una vez terminando, vas a dar gracias a todo lo que has cargado, porque te permitió aprender y ser quien hoy eres.

Ahora, repite de manera consciente:

"Decido no seguir mi aprendizaje a través del dolor, elijo vivir mi vida con amor y que todo mi proceso de aprendizaje sea desde el más elevado nivel de amor, gracias".

Es momento de soltar la lista, puedes elegir prenderle fuego y dejar que las cenizas caigan al mar o simplemente romperla en pedazos y lanzarlos al mar, respira profundo, sonríe, sonríe, sonríe, porque a partir de ahora te has liberado de muchas cosas que no necesitas para tu nuevo proceso de vida, sonríe y siente la felicidad, ahora liviana, y regresa a casa. Nota la diferencia al no cargar con piedras en tu vida, sigue sonriendo y disfruta de tu maravilloso proceso, sé feliz.

Día 15
Reconociendo energía de la que soy parte

—Respira... sonríe... mírate al espejo, crees que sólo eres ese cuerpo que habitas, realmente crees que eres sólo la materia que ven tus ojos.

—Sé que somos energía, que nuestra moléculas están formadas de energía, me gustaría saber más al respecto.

—Sí, mírate. ¿Qué es lo que mueve tu cuerpo?, vamos a hablar sobre la energía.

Es la sustancia de la que está compuesto todo en el universo, incluso la materia también, las plantas y los animales, la energía que muchos libros llaman de muchas formas: prana, Chi, ki, energía vital, etc.

Todo está formado y animado con la energía del universo, así como incluso la materia, que es energía densificada, cuyos átomos contienen energía, las plantas y los animales, también los humanos somos un compuesto de materia, energía y conciencia, así que la energía es la esencia del todo el universo, es como la materia prima de la creación, siendo ésta manifestada en diferentes niveles, frecuencias, vibraciones, depende el uso que se le dé.

Puedes pensar que es como el aire que respiras o como la luz que emana del sol, pero en realidad es mucho más que eso, si bien en el aire que respiras hay prana y en la luz que recibes del sol, también recibes energía del prana, el prana se halla en todas partes, incluso en el agua, en las plantas, si fuera sólo aire y sol, entonces sería como decir que no hay prana bajo el agua, donde no hay aire y sol y no es cierto, incluso fuera del planeta donde no hay oxígeno, es por eso que debes saber que si bien todos los elementos de la naturaleza lo contienen, no lo definen, es más un compuesto en toda la creación, que puede estar más concentrado o en niveles más bajos o altos, dependiendo el lugar y las circunstancias, pero aun así presente en todo.

Existen muchas teorías sobre la estructura física del cuerpo humano y sobre la composición, pero este libro no pretende debatir sobre cuál es correcta o no lo es, la idea es que tengas un acercamiento a un proceso de autoconocimiento, así que nos enfocaremos en la conciencia de ti misma, en la parte que te mueve.

Más adelante hablaremos de tu sistema energético, en este punto de tu búsqueda, es hacer conciencia de la energía que te rodea.

Ahora vamos al ejercicio, es posible que muchas veces hayas sentido la energía del entorno, pero no de manera consciente, recuerda, si tienes un recuerdo de visitar un lugar y sientes algo desagradable o hablas con alguien que te cuenta su problema y quedas cansado, agotado y triste o visitas un cementerio y tu cuerpo se siente pesado, muchas veces te expresas como que no te gustó la energía de ese lugar, se sintió pesada esa energía o esa persona tiene mala energía o tiene buena energía, en fin, este tipo de situaciones describe un momento en el que has sentido algo a tu alrededor y has definido su manifestación desde lo negativo o positivo de la misma.

Recuerda. si has visto algún amigo y se nota diferente, se ve más radiante o menos y te preguntas por qué está así.

Hay quienes pueden ver la energía de las naturaleza como chispas de luz, una energía alrededor de las plantas.

En el ejercicio de hoy vas a recordar si has vivido algunos de esos momentos en los que identificas que has sentido la energía de tu entorno o de una persona o de la naturaleza, y vamos a practicar el hacer conciencia de esa energía.

Un ejercicio básico es poner tus manos, una frente a la otra, sin tocarse pero cerca, puedes frotarlas por 30 segundos para activar tu energía y luego pruebas a sentir el calor que de ellas irradia. Otro ejercicio es usar la contemplación que aprendiste para observar una flor o una planta y ver el brillo que de ella emana, ver la energía del entorno, prueba la diferencia de cómo se siente un espacio una vez lo limpies, cómo se sentía antes y cómo lo sientes ahora.

Tómate tu tiempo cada día, la energía puede ser vista por algunos o simplemente sentida por la mayoría de nosotros, así que no te presiones si no puedes verla, lo realmente importante aquí es que hagas conciencia de su presencia en el planeta y en ti como ser compuesto de energía y que logres sentir la diferencia, ya que esto te permitirá comprender el siguiente nivel.

Día 16
Nuestra estructura energética y cómo limpiarla

—Continuamos con la estructura energética que forma tu cuerpo, conocer tu cuerpo etérico y tus chacras o centro de energía.

También un poco sobre tus cuerpos sutiles, el cuerpo emocional, el cuerpo mental, cuerpo astral o cuerpo etérico.

Tu cuerpo etérico está formado por 9 energías sutiles que son tus siete chacras primarios y dos extra físicos, estos vórtices de energía regulan el buen funcionamiento y el desarrollo de tu estado energético, son receptores y transformadores de energía cósmica.

Poseen diferentes formas, colores, funciones y frecuencia de vibración, además estos chacras están unidos energéticamente a uno o varios órganos del cuerpo con los que existe una conexión directa con el cuerpo físico, y están conectados entre ellos.

Puedes imaginarlos como remolinos de energía que giran, que además reciben energía del exterior como un imán, entre más limpios y desbloqueados estén, mejor funcionan atrayendo energía al cuerpo y manteniéndolo en buen estado.

Pero si uno de estos se encuentra bloqueado, entonces procesará sólo la energía mínima que necesitamos para sobrevivir y si persiste el bloqueo por mucho tiempo, se puede manifestar en forma de agotamiento, incluso como enfermedad.

El primer chacra, conocido como el chacra de la raíz o base, se ubica al final de la espina dorsal, por el coxis y se orienta hacia el suelo, este gira lentamente en particular, absorbe la energía de la tierra, te permite estar anclada a la realidad física, se percibe de color rojo y en su estado de equilibrio te sientes con los pies sobre la tierra, centrada y sana.

El segundo chacra, también llamado chacra sexual, se encuentra entre los huesos de la cadera y bajo vientre, este vórtice gira más rápido y fácilmente que el primer chacra y se le suele asignar el color naranja.

Este chacra es responsable de la vitalidad de una unión sexual. Las personas con un segundo chacra equilibrado, poseen una autoestima sana y buen sentido del humor, son prudentes, amistosos y reconocen sus propios deseos.

Tercer chacra, plexo solar, este vórtice se encuentra por encima del ombligo debajo de las costillas, gira más rápido que los dos primeros, su vibración en más alta, se percibe de color amarillo, este chacra está conectado con el cuerpo mental, bien equilibrado, la persona sentirá amor propio, mentalidad abierta, intelectual, estará interesada en muchas cosas, equilibrada y sin miedos.

Cuarto chacra, chacra del corazón, se haya a la mitad del pecho, a la altura del corazón físico y se le asigna color rosa o verde, este chacra te permite sentir el amor, con este chacra bien equilibrado, te sentirás plena de sentimientos equilibrados y la compasión y la comprensión están presentes en tu vida, son personas serviciales, amables, optimistas y capaces de amar.

Quinto chacra, de la comunicación, se haya a la altura de la laringe, en la garganta, su energía se asocia al azul, este chacra representa la adquisición de responsabilidades, nos permite expresarnos a través de la palabra, el movimiento y el arte, un buen equilibro facilita la expresión, de la comunicación y dotes artísticas.

Sexto chacra, chacra frontal, es llamado tercer ojo y se encuentra en el entrecejo, es de color índigo, es el vórtice que nos da acceso a la gama de percepción extrasensorial y energías que nos rodean más allá de la vibración física que perciben nuestros sentidos, una energía equilibrada en este chacra se manifiesta como habilidad para la telepatía, visión del aura o clarividencia.

Séptimo chacra, chacra corona, se encuentra en mitad de la parte superior de la cabeza y se abre hacia arriba, este chacra conecta al cuerpo humano con su espiritualidad, se manifiesta de color blanco o violeta, si está abierto y activado aparece como una corona de luz blanca y trasparente encima de la cabeza de la persona.

Chacras extra físicos superiores. Estos dos chacras forman parte de la conexión con otros planos y niveles al encontrarse fuera de los límites del cuerpo físico.

El primero de ellos, el octavo chacra, a unos 50 cm por encima de la cabeza, es el hogar del llamado centro intelectual superior que nos dota de funciones de comprensión y psiquismo, más allá de los procesamientos normales y estándar del ser humano.

El noveno chacra, se encuentra ubicado a un metro de la cabeza y se denomina el centro de la conciencia universal, pues coincide con el centro de la esfera de conciencia del ser humano y desde ahí se realiza la conexión directa con la conciencia de nuestro yo superior.

Ahora veamos qué son los nadis.

Los nadis son canales energéticos que se hayan en todo el cuerpo, puedes imaginarlos como si fueran las venas de tu cuerpo astral formando una red por donde fluye la energía vital o prana que recibimos a través de la respiración.

Son más de 72 mil canales, sin embargo estos podrían ser los principales.

Shusumna nadi (vena central) ida nadi (vena izquierda), pingala nadi (vena derecha), nadi chitta (canal de la mente o la conciencia).

Así es como vamos ampliando nuestro visión del sistema energético, conociendo la existencia de los cuerpos sutiles que nos forman, nuestros canales y los vórtices de energía, que todos se encuentren muy bien organizados.

Desconocer esta información básica de ti misma te aleja de entender lo importante que es el cuidado que debes tener de tu propio sistema, tanto físico, como energético.

—Considerando el ritmo de vida tan agitado que llevamos y la falta de conocimiento de quiénes somos, sumando a la mala alimentación, al estrés y a los problemas energéticos del entorno, nuestros canales y sistemas energéticos sufren las consecuencias de estar bloqueados y cargados de energías dañinas.

Es por eso que se hace necesario conocer y aprenden a cuidar de tus sistemas energéticos y físicos.

—Sí, es aquí donde cobra sentido el mensaje de lo importante de alimentarnos de manera saludable, aprender a respirar, rodearnos con naturaleza, hacer ejercicio, son las cosas que siempre escuchamos pero que no sabemos bien el por qué. Si para cuidar la salud, pero si me siento bien, aparentemente, pero con el tiempo nos damos cuenta de que no estamos tan bien como pudiéramos estar, porque estamos sobreviviendo en medio del día a día que nos agota la energía.

Es muy importante que te des cuenta de ese ritmo rápido que pocas veces te deja tiempo para detenerte a disfrutar de tu entorno o pensar con claridad sobre cómo está la energía de tu cuerpo, aquí el ejercicio que haremos hoy, es sencillo.

Comienza por preguntarte a ti misma cómo se siente tu cuerpo, ¿está cansado, sufres de alguna enfermedad, duermes bien? ¿Tienes sobrepeso?, ¿Sufres de estrés o preocupaciones constantemente, te sientes triste o deprimida, vives en algún ambiente rodeado de problemas por personas con pensamientos negativos sobre la vida? Todas estas preguntas te ayudarán a darte respuesta de cómo está tu sistema y entre más profundo te hagas las preguntas en relación a las áreas de tu vida y a cómo te sientes con el mundo que te rodea, tendrás más claro si es necesario empezar a realizar cambios para mejorar tu sistema energético.

Si respondiste sí a varias preguntas, necesitas empezar a restablecer tu energía.

Existen muchas formas, pero empecemos con la más básicas, sencillas, pero efectivas, que te van a ayudar a limpiar.

Piensa en qué es importante limpiar tu cuerpo por dentro y por fuera también y recargar tu energía.

Empecemos con algo sencillo, respira de manera consciente cada día, dedica tan sólo 5 minutos a respirar de manera consciente y mientras lo haces, puedes visualizar cómo el aire que entra a tu cuerpo recorre todos tus canales de energía, ingresa a tus chacras, los oxigena, los limpia y los pone a trabajar de manera natural.

Si es posible que puedas hacer este ejercicio frente al sol, es muchísimo más efectivo, ya que el sol es nuestra fuente más potente de energía del prana, así que recibirían directamente esta energía, hazlo consciente, sólo 5 minutos de respiración consciente frente al sol es suficiente para recargar todo tu sistema, te vas a sentir como nueva y lleno de vitalidad, lo puedes hacer mientras caminas al trabajo o apenas te levantas frente a tu ventana, en el camino a tu trabajo, es muy bueno hacerlo en la mañana y por la tarde, en el atardecer.

Aumenta tu contacto con la naturaleza o espacios naturales, ellos, de manera natural, nos proporcionan energía y ayudan a recargar nuestros sistemas, así que dar paseos regulares por la naturaleza es importante, aumenta tu conciencia de la respiración todo el tiempo y recuerda, si lo haces con el sol, mejor, implementa algún tipo de actividad física que disfrutes, es importante mover tu cuerpo, pero es más importante que lo disfrutes mientras lo haces, puede ser manejar bicicleta, patinar, nadar, bailar, caminar, algún deporte, trotar o yoga.

Aquí el punto importante es que lo disfrutes, porque así lo volverás un hábito y además, cada vez que lo hagas, tu cerebro producirá dopamina, una hormona del bienestar y la felicidad, te sentirás mejor, así que pregúntate qué te gustaría hacer, de qué forma y empieza, siempre poco a poco, hasta que puedas aumentar tu ritmo. Empieza por 15 minutos y luego media hora y así, no más de una hora por día, la idea es generar un hábito saludable.

Hay un ejercicio muy sencillo que puedes practicar para activar la energía de todo tu cuerpo, algo que los niños hacen de manera natural en la infancia, pero que luego dejamos de hacerlo, sin embargo empieza por practicarlo y notarás los cambios, éste es uno de los 5 ejercicios usados por la cultura ancestral tibetana con excelentes resultados en toda tu salud, debes practicarlo en un lugar seguro, despejado, vas a girar en sentido de las manecillas del reloj, empieza por dar 5 o si logras dar 10 vueltas con los brazos abiertos, respirando lenta y profundamente. ¿Recuerdas cuando girabas así de niña?, la idea es que lo hagas todos los días hasta que logres girar por un minuto, pero empieza con poco, ya que al principio, de manera normal, te vas a sentir mareada, pero verás cómo cada día amplías el tiempo de duración y te irás acostumbrando.

Sigamos con la composición a nivel energético y aquí te voy a hablar de las esferas mentales y del cuerpo mental. Para empezar, si ya conoces y has leído de la configuración energética del ser humano, seguro ya manejas el tema, si nunca lo has escuchado, entonces te lo explicaré en palabras sencillas.

Estás formado por un cuerpo físico, que es el que ves con tus ojos, pero también hay otras capas que no ves y que también forman parte de tu estructura.

Tienes un cuerpo etérico, del cual ya hablamos, en el que se encuentran los centros de energía que son los chacras y los sistemas de canales.

Tienes un cuerpo emocional, el segundo cuerpo sutil, siendo otra capa energética que te recubre y desde la cual se gestiona tu mundo emocional, sentimientos y pasiones.

Luego tenemos el cuerpo mental, siendo la tercera capa energética, que se encarga de tus pensamientos y tu información consciente que lo forma.

Por último está el cuerpo causal cubriendo todo lo referente a tu conciencia y la información consciente, en este cuerpo se almacenan tus memorias y vivencias de todas tus encarnaciones y es el enlace entre la personalidad, el alma y tu yo superior, esto lo profundizaremos más adelante.

Volvamos al cuerpo mental, este cuerpo está formado por cuatro sub capas, la inconsciente, la subconsciente, la consciente y la supra consiente, donde cada una de estas capas tiene una función específica de regular todo tu cuerpo mental, es la casa de tus pensamientos e ideas y conocimientos racionales e intuitivos, la función más importante de este cuerpo es recoger las verdades universales que llegan de los otros planos e integrarlas a partir del entendimiento racional de la mente concreta y esta información te es transferida para que le encuentres una solución o un entendimiento a un problema sobre la experiencia que vives.

Estos conocimientos que nos llegan de partes profundas de nuestro ser, nos ayudan a expandir nuestra conciencia por la comprensión del porqué de las mismas y podemos recibirlas muchas veces en forma de intuición repentina o imágenes.

En relación a la conciencia del ser humano, tiene dos partes, una conciencia real que es la del yo superior, donde se haya la esencia de todo lo que eres y una conciencia de la personalidad del cuerpo físico que nace, se desarrolla y muere durante el periodo que dura tu vida y es la que gestiona la realidad que vives día a día, la conciencia se ubica en el plano mental y si la pudieras ver, sería como la forma de una esfera, esta esfera es capaz de percibir y trabajar con cinco dimensiones, las tres de la realidad física con la que gestiona y maneja el cuerpo, la realidad, la vida y dos más que permiten percibir y sintonizar los planos superiores y mantener la concesión con el yo superior y el ser.

Respira profundo luego de leer toda esta información, es posible que se generen muchas inquietudes sobre estos temas si es tu primera relación con ellos.

Te invito a que te tomes el tiempo y si deseas, puedas profundizar en ellos.

Lo más importante en este libro es el acercamiento al conocimiento de tu propia estructura y es que a partir de esta información es como si entraras al interior del espejo y vieras tu verdadera forma con todo y las redes que te forman, que te mueven y luego viajarás al interior de tu cabeza para encontrar todo un universo ejecutándose allí dentro, procesando datos a todos los niveles, en todos los planos de tu propia existencia.

La intención es descubrirte, entrar en ti misma y verte en lo maravillosa y en lo amplia que eres, también en la perfección con todo lo que pasa dentro de ti para que hoy puedas leer este libro. Así que sonríe, respira y date tiempo para ir asimilando la información aquí presentada, permite fluir con lo que sientas en tu corazón y sé libre de recibir lo que necesites y de buscar más allá lo que desees entender.

Día 17
Mi YO SUPERIOR y cómo comunicarme con él

—Hoy hablaremos de nuestro yo superior y cómo comunicarte con él.

Hablar del yo superior es una de las experiencias más maravillosas que podrás descubrir, ya es que es tu yo superior la conexión con la fuente creadora del todo.

El yo superior es un ser autoconsciente, creado de la fuente misma o de otros seres superiores autoconscientes, con la finalidad de recoger experiencias sobre la vida en los mundos, éste ser autoconsciente de energía elevada no puede experimentarse directamente debido a su nivel de vibración elevada y que el cuerpo humano no tolera tanto nivel, así que lo hace a través de las almas que se reencarnan en el mundo y se conecta con esa alma a través de los cuerpos sutiles que la forman, de esta manera guía la experiencia de esa alma.

Cada experiencia que esa alma está teniendo o ha tenido en esa vida, va a nuestro yo superior, quien almacena toda la información recolectada a lo largo de las diferentes experiencias vividas por las almas y los espíritus a quien dirige durante todo el tiempo de experiencia que esa alma tenga una vez que termine su experimentación en los planetas y ese yo superior logre el nivel requerido, podrá volver a la fuente que lo creó con toda la experiencia que recolectó.

Todos los seres humanos tienen un yo superior que guía la experiencia en la vida, la forma de llegar hasta él es a través de los cuerpos sutiles y los canales llamados el cordón de plata y el cordón dorado, es un canal de comunicación que pasa por la supra-alma y el supra-espíritu y éste, hasta el yo superior. El yo superior habita fuera del planeta pero a pesar de estar lejos y en una vibración que no es vista por el ojo humano, está conectada con el ser que guía y su conexión disponible, tanto guiar esta alma, como almacenar la información recolectada por la misma, el proceso se hace a través de las vías y los cuerpos intermedios.

Sin embargo, para comunicarse con tu yo superior lo haces a través de tu conciencia, tu yo superior siempre se conecta contigo y te escucha, de esta forma puedes crear un canal de comunicación consciente y permitir que tu yo superior te guíe o te ayude en tu experiencia, las solicitudes o decretos que haces desde tu conciencia, son recibidos y ejecutados por tu yo superior de acuerdo a tus necesidades.

Si tú, que hoy lees este libro, deseas conectar con tu yo superior, te dejo este ejercicio de conexión fácil, práctico y eficaz para que te comuniques con él.

Siéntate en un lugar tranquilo, asegúrate de tener la espalda recta y los pies en el suelo, la columna recta y respirar, respirar profundamente y cuando logres regular tu respiración, eleva levemente la cabeza al cielo, eleva la punta de tu lengua al paladar, sigue respirando y cuando esté lista, pide a tu yo superior que eleve tu nivel de conciencia.

Repite: "le pido a mi yo superior que eleve mi nivel de conciencia, que limpie y borre el origen y causa de cualquier malestar en mi cuerpo físico, mental espiritual y astral". Sigue respirando, intenta que tus ojos cerrados miren al centro de tu frente, arriba de la nariz y visualiza en tu sexto chacra una luz violeta que gira lentamente y luego, rápidamente, en sentido del reloj, visualiza cómo esa luz cambia y va tornándose de diferentes colores cada vez más vivos y sigue girando y respirando.

Ahora, en una respiración profunda le pides a tu yo superior que te de la información que necesitas para tu vida, que te permita recibir los datos de manera clara y fácil para entender. Si tienes tu cuaderno al lado respira e imagina que la información baja a tu mente como si fuera una archivo que se descarga con toda la información que necesitas, continúa respirando y si puedes, abre tus ojos sin salir del estado de meditación, empieza a escribir, empieza a escribir todo cuanto llegue a tu mente, puedes hacer preguntas, pero no dejes de escribir, escribe, no te preocupes por la ortografía ni la letra, sólo escribe, pregunta y escribe las respuestas que lleguen a tu mente, esta técnica se llama escritura automática y es un excelente medio de comunicación con tu yo superior o con tus ángeles, cuando hayas terminando de escribir agradece a tu yo superior por la información y luego, si puedes, empieza a leer y a entender lo que escribiste.

A medida que practiques este ejercicio varías veces, te será más fácil y recibirás más y más información, de manera que te sorprenderá de todo lo que puedes escribir. Lo más importante es que intentes que tu mente no intervenga con juicios sobre lo que escribes, por eso no le des tiempo, escribe y escribe sin juzgar lo que escribes, al final, incluso si no es claro para ti, al menos tendrás un inicio, no pienses por cuál palabra comenzar, cualquier palabra servirá, incluso si al principio empiezas tú, luego te darás cuenta que el discurso escrito cambiará y ya después todo será diferente.

Mensaje del yo superior para ti.

"Tú, que lees este libro y tienes muchas preguntas aún, quiero decirte que todas las preguntas tienen respuestas para aquellos que buscan, este libro es un inicio, un inicio para ti, de un camino que se abre a tus pies, debes confiar en tu corazón, él te guía con su sabiduría y si sientes la paz que habita en él, verás cómo todas las respuestas serán contestadas en su tiempo, en su momento, en su justo momento. No temas a esta información, tu corazón lo sabe y a pesar que tu mente lo juzgue, haz el ejercicio y lo entenderás, entenderás tanto como estés lista para asimilar, el mundo aún es desconocido aunque creas que sabes mucho, sabes que es sólo un comienzo, incluso si te dices a ti misma que ya lo sabías, entonces es que necesitas recordar, recordar lo que olvidaste, recordar quién eres, esa ha sido tu pregunta desde que empezaste a leer este libro, ¿verdad? Recordar por qué te miras y no te reconoces.

"Pequeña viajera del espacio, que en tu valentía emprendiste un viaje, haces eones en el tiempo y te animaste a vivir la experiencia de venir a este mundo y seguir viniendo a aprender a vivir, a guiar, a ayudar a otros, olvidaste cuál es tu hogar, olvidaste por qué viniste, olvidaste tu origen, hoy recordarás todo, hoy verás el ser de luz que eres, el espíritu que viaja vida tras vida recolectando experiencias a través del alma con tus bellos compañeros que te acompañan en cada vida, en cada encarnación, viviendo todos los diferentes papeles que cada uno decidió.

"Cuando recuerdes tu ciudadanía como ser, esencia del todo y la creación, recordarás que el poder habita en ti, luz de estrellas, semilla del todo, semilla de la vida, mi luz está contigo siempre, mi luz te guía. Aunque a veces te sientas sola, jamás lo estás, pues muchos otros como tú te acompañan en la vida y en la energía, muchos otros como tú, voluntarios de la creación, están viviendo las experiencias que deben ser vividas, no hay nada que temer, nada que lamentar, nada de qué arrepentirse, todo, cuando tú crees, será creado, todo, cuando tú desees, será concedido, porque tú eres la protagonista y la guionista de esta experiencia, el formato está en la semilla que habita en tu interior, la semilla sembrada en tu corazón, que cada día crece como las plantas y se alimenta de tu amor, entre más amor das, más crece dentro de ti y tu semilla florece como una hermosa y radiante flor que se abre ante la primavera, así que, precioso ser de luz, eres el todo contenido en esa manifestación de tu ser, eres la manifestación de la magnificencia de la creación y si aún no recuerdas, cierra los ojos y recibe la luz de tu yo superior que se manifiesta ahora en estas palabras, decretando que una vez las leas, tu mente las entenderá, tu conciencia se abrirá y recordarás tu origen celestial. Buen viaje, viajera del tiempo y del espacio, buen viaje.

Tu yo superior".

Día 18
Maestros, ángeles y guías espirituales y cómo recibir su apoyo

—Hemos llegado hasta aquí, a este maravilloso tema, a este punto en que tendrás más claridad sobre muchos aspectos de ti misma y el día de hoy te hablaré de los seres que nos guían: Ángeles, Maestros, Guías espirituales, seres de luz que nos acompañan en su propósito y su ayuda.

También ejercicios para recibir su apoyo.

Los seres de luz, guías, maestros, ángeles, son seres etéricos que habitan en el plano astral, cuyo propósito es principalmente servir de guía al alma encarnada, servir en su proceso espiritual y ayudarlo a encontrar su camino cuando se ha extraviado un poco.

Estos seres no intervienen en el libre albedrío que por derecho tienen todos los seres humanos.

Su asistencia y guía, es la búsqueda de que ese ser cumpla con la misión que fue destinada para él y se realiza en forma de apoyo para que encuentre su camino, pero nunca interviniendo de manera directa en sus decisiones, a menos que el ser lo solicite y se encuentre en riesgo su supervivencia y aún no sea tiempo de irse.

Su trabajo es de mucha luz y amor con nosotros, nos honran y respetan profundamente, aunque nosotros no seamos conscientes de ellos, ellos conocen cada alma y cumplen su papel en nuestras vidas.

Empecemos por los maestros, los maestros son seres de luz de diferente frecuencia y nivel, muchos de ellos alguna vez fueron reencarnados en la tierra y vivieron experiencias humanas, por lo cual honran la experiencia humana, algunos aún se siguen reencarnando y vienen a ayudar desde adentro y los reconoces por la sabiduría y madurez que muestran al relacionarse con las personas, cumplen su función de guía desde muchos lugares en la humanidad, así que existen millones de estos maestros que están hoy ayudando desde muchos lugares diferentes, desde muchas profesiones y desde sus experiencias, su principal propósito es que seamos conscientes de muchas cosas, así que en ese nivel puede que el aprendizaje, antes de despertar, sea algo doloroso para muchos, eso dependerá de la experiencia que estés viviendo.

Este tipo de maestros no necesariamente son como los que encuentras en el Tíbet, que también lo son, sino que te los encontrarás en tu vida cotidiana, en la universidad, en el camino, en la iglesia, en una librería, con esto busco decirte que no los vas a hallar en un bosque escondido, hoy en día están por todos lados y no escondidos, ya que la tarea de hoy de abrir la conciencia, es de muchos y muchos fueron los voluntarios como maestros de venir, muchos, incluso entre los trabajadores de la luz, hacen esa linda tarea, tampoco tienen necesariamente edad avanzada, los hay de todas las edades, te sorprendería ver algunos maestros niños que parecen unos ancianos, hablando y dando lecciones muy importantes.

Mucha gente hoy les intenta colocar diferentes nombres para explicar su rareza o diferencia con otros niños, así les llaman niños índigo, niños arcoíris o niños de cristal, todos vienen a generar algún cambio en el sistema que necesitan cambiar y a enseñar desde muchos lugares las lecciones que se deben aprender, ellos también viven una vida humana como tú y no tienen poderes sobrenaturales, ni tampoco están exentos de vivir la vida humana con todas sus dificultades, así que es posible que incluso antes que ellos reconozcan su identidad, como maestros, hayan tenido que lidiar con toda la experiencia humana y pasado por todas sus dificultades, hasta recordar su propósito y asumir su papel de maestro y ya estar listo para mostrarse a otros desde su lugar, así que incluso algunos enseñarán a través de las experiencias difíciles que tuvieron, y otros tal vez desde el arte, la música, con sus canciones buscarán elevar el nivel de la humanidad, algunos desde la escritura con sus libros, otros desde la poesía, algunos desde la enseñanza como maestros de cualquier área, pero tocando el corazón de sus estudiantes.

Si ya comprendiste la idea, tú puedes ser algún maestro también.

Hay otros tipos de maestros que luego de terminar sus reencarnaciones, deciden brindar su ayuda desde lo espiritual y desde este lugar buscan ayudar a las almas o espíritu que necesitan guía en su proceso de crecimiento también desde este lugar.

Aquellos seres que saben de su existencia, los contactan y logran una relación cercana con ellos, otros no saben de su existencia, pero igual este guía o maestro sigue su papel de ayuda sin que muchas veces esa alma sepa de su existencia, aquí también el número de guías es grande y con diferentes especialidades que ayudan en diferentes momentos a la humanidad, incluso algunos guías o maestros ayudan a alguien en un momento especial y luego cambian a otro maestro.

Es decir, una persona puede tener asistencia de un guía por un tiempo y luego llegar otro guía, eso depende de la etapa por la que pase y de las necesidades específicas, algunas personas pueden tener guías en tiempo determinado, pero no están ligados especialmente a quedarse con una misma persona toda la vida, todo depende de las necesidades evolutivas o el momento que lo requiera, siempre que sea necesaria su asistencia, ellos estarán ahí para apoyar nuestro proceso evolutivo.

Es muy importante el siguiente dato que se aplica para todos los seres de luz.

Es en relación a la forma que ellos toman para manifestarse ante nosotros, el espíritu como tal, es esencia de energía, no tiene una forma definida, es sólo luz, tampoco posee un sexo definido, pues es sólo una forma de energía, sin embargo, para el entendimiento humano y la necesidad que tenga forma y sexo, muchas veces estos seres, cuando su manifestación es requerida, pueden tomar una forma, a veces de sus últimas reencarnaciones, con la intención de mostrarse ante el ser que lo pide, ellos no necesitan hacerlo, pero el humano, en su necesidad de reconocer una forma, un sexo, un nombre, lo pide y para facilitar el proceso, esto se permite, lo mismo pasa con los ángeles, son vibraciones de luz, de mucha luz, de hecho ellos deben disminuir su vibración lo suficiente para que el ser humano pueda verlos, si se mostraran en toda su luz, nuestros cuerpos no lo tolerarían, así que se proyectan con formas humanas, más para que tengamos una idea y aceptación de ellos, que porque realmente tengan una forma definida.

En relación a los nombres es igual, ni siquiera podríamos pronunciar un nombre real en nuestro mundo o por su propio idioma, sin embargo, en cuanto a los maestros, a veces conservan también los nombres de sus reencarnaciones en la tierra y los trasmiten para su relación con esa persona, así es como, si te comunicas con tu maestro o guía, puedes ver su imagen y tener su nombre, pero de todas maneras lo verdaderamente importante es reconocer el apoyo que recibes de este ser maravilloso y más allá de nombres y formas, el sólo saber de su presencia y reconocerlo como un compañero y guía de camino, los honras.

Estos seres no nos juzgan, así que no debes preocuparte por qué maestro es o no regañón, bueno alguno puede serlo a veces, si es necesario darnos algún impulso específico, pero su propósito es ayudar, no juzgar, ellos, más que nadie, saben lo que es vivir en la tierra y también aún sin recordar quiénes somos, algo así como caminando por una selva con los ojos vendados sin saber para donde vas, así que ahora sabes que ellos te llevan de la mano por esa selva que todos atravesamos.

Intentan que te des cuenta de la venda que tienes y tú mismo te la quites, ya que nadie te la puede quitar, sólo la auto consciencia de ti mismo tiene el poder de quitarte la venda y recordar. Mientras eso sucede, ellos seguirán caminando a nuestro lado, guiando nuestros pasos en este camino y brindándonos su sabiduría y amor con paciencia y compasión por nuestro proceso.

Los ángeles son seres de luz de una vibración muy alta, fueron creados para brindar apoyo en cada uno de los procesos universales, existen legiones de ángeles, arcángeles, querubines, serafines, en diferentes niveles y realizan diferentes funciones planetarias y su apoyo, como entidades celestiales, es valiosa.

Las categorías más elevadas ayudan a regular el funcionamiento de los planetas y sus tareas varían mucho, dependiendo del nivel jerárquico que tengan, los más cercanos a nosotros son los ángeles, estos maravillosos seres nos acompañan desde el momento en que nacemos hasta que morimos y guían nuestro camino, después, entre ese tiempo de espera entre vidas, hasta volver a una nueva vida. Así como cada uno de nosotros tenemos lo que llamamos un ángel de la guarda, que es nuestro amigo más cercano y aunque es invisible para muchos, está a nuestro lado siempre, aunque no lo veamos y muchas veces no sepamos de su presencia, allí han estado siempre, a nuestro lado, acompañándonos en este camino de vida.

Estos seres son profundamente respetuosos con nuestro proceso, siempre respetan nuestro libre albedrío, por lo cual no interfieren en nuestra vida a menos que lo solicitemos y en caso extremo, cuando sea muy necesario para algo que afecte el proceso de la vida en sí misma antes de tiempo, si queremos potenciar su ayuda debemos pedirla, y de esta manera su influencia y campo de acción en nosotros se ampliará.

El ángel de la guarda no es el único ángel que puede estar cerca de nosotros, hay otros ángeles que pueden llegar a nuestra vida y ofrecer su asistencia en diferentes etapas que atravesamos, dependiendo de las necesidades que tengamos, es decir, hay ángeles especializados en todas las áreas de la vida y en los oficios y conocen muy bien el funcionamiento de muchas cosas, así que se ofrecen para ayudar cuando alguien lo requiere, sobre todo cuando su trabajo afecta a muchas personas, por ejemplo, cuando alguien trabaja con la comunidad o con niños o un médico o un maestro, por lo general cuando se hace un trabajo que involucra la vida de muchas personas o la labor que hace afectará a muchos, siempre hay ángeles guiando el proceso, incluso sin que esa persona tenga idea de su presencia, ellos estarán ayudando en el proceso y abriendo las puertas necesarias para que esa labor, si es un bien común para muchos, llegue a donde tiene que llegar.

Estos ángeles especializados, por lo general trabajan con mucha gente, no son personalizados como los ángeles de la guarda, aunque un ángel de la guarda puede tener también a su cuidado a muchas personas, su tarea es acompañarlos durante toda su vida. La diferencia entre el ángel de la guarda y los otros ángeles de apoyo es el tiempo, el ángel de la guarda estará contigo desde que naces hasta que mueres, pero sus capacidades son que pueden ser ángel de la guarda de varias personas a la vez, en cambio los ángeles de apoyo, sólo acompañan a las personas en un determinado tiempo y una vez que termina la labor, puede llegar otro ángel, no están específicamente asignados a una persona en particular, sino a todos los que necesiten apoyo, por lo general las capacidades de un ángel pueden ayudar a muchísima gente al mismo tiempo y hacerlo de muchas maneras.

Los ángeles son seres de luz de mucho amor, sus características son que expresan infinito amor y compasión por la raza humana, su papel no es juzgar, sino apoyar la experiencia que vivimos, ellos también aprenden mucho de la humanidad, así han logrado sus especialidades a lo largo del tiempo, entre más sirven apoyando, más aprenden y más pueden ayudar.

Los ángeles, al igual que los maestros, se las ingenian para que sean escuchados, hacen llegar sus mensajes a través de comunicados recurrentes en nuestra mente, una canción, una película, un libro, un amigo que te llama y te da un mensaje, vas por la calle y ves un letrero, o te encuentras una pluma blanca pequeña en un lugar insólito, ellos encuentran el canal para comunicarse, inclusos a través de los sueños o en estados de estar medio dormidos, de repente tenemos la respuesta que necesitábamos. Ellos nunca aparecerán ante nosotros para asustarnos, nos conocen muy bien y saben cómo hacernos llegar la información que requerimos de la mejor manera, su presencia es muy sutil en nuestra vida. Algunos niños pequeños tienen capacidades para verlos y ellos pueden dirigirse a él como su amigo imaginario en cierto periodo de tiempo, por lo general los primeros 7 años, algunos niños pueden comunicarse y jugar con su ángel, luego esa experiencia, a medida que crecemos, se olvida y algunas personas con capacidades extra sensoriales, también logran verlos, no es necesario verlos para saber de su existencia, lo importante es reconocer su presencia en nuestra vida y recibirlos con amor.

Mucho se ha escrito sobre ellos, los ángeles aparecen en muchas formas, tanto religiosas como artísticas, han inspirado a muchos artistas en su pinturas, en sus artes, en la música, en los libros, así que hallarás mucho más sobre ellos si quieres profundizar, ellos realmente pueden ayudarnos a sentirnos mejor en esta vida, sólo su presencia irradia una paz y una serenidad infinita y nos inundan con amor cada vez que se acercan a nosotros, así que tenerlos cerca es una maravillosa experiencia. Algunas categorías, como los arcángeles, que son una categoría de ángeles con más especialidad en un nivel más elevado de vibración, tienen influencias sobre grupos de ángeles a su manejo, además regulan aspectos más grandes del ser humano, no significa esto que otros ángeles no puedan hacerlo, es sólo que ellos tienen un nivel y unas responsabilidades amplias asignadas, por ejemplo, cuando nos referimos al arcángel que llamamos Rafael como un arcángel de sanación o Gabriel como un arcángel del amor o Miguel como un arcángel de protección que lucha contra el mal, esto significa que estos arcángeles manejan un tema amplio de la experiencia humana, como un área de especialidad para ese arcángel, pero eso no significa que otros ángeles no tengan esas mismas capacidades y puedan hacer esa función, de hecho todos los ángeles tienen múltiples capacidades básicas que abarcan lo básico que la humanidad necesita, todos ellos desarrollas habilidades, incluyendo a tu ángel personal de la guarda, sin embargo, estos arcángeles tienen una vibración mucho más elevada, ellos han desarrollado más habilidades y experiencia en un área que en otra, esto es lo que hace que se especialicen y que los veamos como diferentes entre sí, de acuerdo a esas funciones que apoyan.

Los ángeles en ningún momento se sienten superiores a nosotros, ellos no experimentan este tipo de emociones que son puramente humanas, ellos comprenden nuestro verdadero propósito y desde este lugar nos brindan su asistencia con amor, también han aprendido y entienden sobre la experiencia que vivimos en esta dimensión física en la humanidad y conocen lo difícil que es y lo desconectados que estamos de nuestra verdadera esencia por lo que su apoyo es muy necesario, estos seres viven en el plano etérico y son pura energía, si bien disminuyen su energía para poder estar cerca de nosotros, ya que nos vislumbraríamos con su verdadera luz, hacen todo un trabajo hermoso de apoyo a la humanidad.

Si deseas comunicarte con tu guía o maestro, vamos a realizar el siguiente ejercicio que te ayudará, si bien hay muchas formas y hallarás varios caminos, lo importante es que encuentres tu propio camino hacia ellos en el que puedas crear tu propio espacio de comunicación.

No es exactamente para que ellos vengan a ti, es más para que tú puedas abrir tus canal de comunicaron y escucharlos con claridad, ya que ellos están a tu lado, pero eres tú quien no los escucha; de esta manera, mejorando tu comunicación, aprendiendo a escucharlos, puedes tener una herramienta que facilitará el proceso para ambos.

En ese orden de ideas, lo primero es ser consciente que tenemos ayuda en nuestro camino, un ser de luz, ya sea guía, maestro o ángel, lo segundo es aceptar esa ayuda de manera consciente, al hacer esto desde tu libre albedrío, abres la posibilidad de ampliar su campo de ayuda y estáis creando ya un canal y vínculo consciente, importante en la relación que construiste con ellos, el tercer paso es decir si deseas comunicarte de manera consciente con ellos, en este punto es tu decisión si quieres abrir tu corazón para escuchar sus mensajes.

Lo primero que debes saber es que no hay nada que temer, ellos no aparecerán en tu vida como fantasmas o algo así, asustándote, créeme, ellos te conocen mejor que tú mismo y saben qué es lo mejor para ti, así que encontrarán el mejor canal para acercarse a ti, siempre lo hacen.

Una vez que decides abrir tu corazón a escuchar de manera consciente sus mensajes, entonces puedes llegar a algunos acuerdos, ya que ellos te envían mensajes desde muchos canales, es decir, puede que lleguen a través de un libro, una película, una canción, un aviso por la calle, puede ser un amigo que te da un consejo o una idea recurrente en tu mente, todos estos son algunos de los canales por los cuales ellos te envían los mensajes que necesitas para tu vida, y es cuando dices: fíjate que ese mensaje cayó del cielo, era justo lo que necesitabas oír o siente que ese mensaje era para ti.

Realmente ellos hacen un trabajo maravilloso para guiar nuestro camino y se la ponemos difícil cada vez que no escuchamos esos mensajes, pero ellos no se rinden, siguen intentando para que el mensaje nos llegue, todo esto sin violar el libre albedrío, por eso seguimos siendo responsables de nuestras propias decisiones, valorar y aceptar su ayuda en nuestra vida.

A medida que vas realizando tu trabajo de comunicación con los seres de luz, los canales pueden ir mejorando hasta que, de manera natural, tu comunión con tu guía o con tu ángel puedes hacerla como si hablaras con un amigo y la información será más cómo un diálogo interno muy claro y preciso, lo cual será lo mejor que podrás experimentar. Para llegar aquí, debes tener paciencia y hacer los ejercicios hasta que mejores tu canal y veas con cuál te sientes más cómoda.

Vamos a darte dos ejercicios y puedes ver cuál resulta mejor y más cómodo para ti.

El primero es a través de la meditación, en este estado puedes entrar en contacto con los seres de luz fácilmente, ya que elevando tu frecuencia, abriendo tus canales, puedes comunicarte con tus guías, maestros y ángeles, aquí lo importante es tu disposición y tu paciencia, si no logras ver nada en un primer intento, seguir adelante hasta que tu mente y tu cuerpo estén listos.

Puedes empezar con cosas sencillas como sentarte en un lugar tranquilo, si deseas, poner música tranquila, alguna vela o inciensos, puedes hacerlo o bien, si deseas caminar por un parque, una playa o un jardín. También es una buena opción cualquier lugar que inspire tranquilidad o relajación, es un excelente lugar para conectar con ellos. Una vez que estés en ese lugar tranquilo, el siguiente punto clave es enfocarte en la respiración consciente, respira profundo y lentamente y cuando logres estar en ese estado de ensoñación, que es más relajación, pídele a tu maestro o a tu ángel que se manifieste, que deseas conocerlo y saber de él o ella, cierra tus ojos y pídele que te permita ver su imagen y conocer su nombre con el cual te puedes dirigir a él, sigue respirando tranquilamente y deja que las imágenes o las palabras aparezcan en tu mente.

Si logras ver un nombre, puedes preguntar si ése es el nombre, si aparecen varios nombres, entonces pregunta si se trata de varios maestros o varios ángeles, en todo caso debes silenciar tu pensamiento y dejar que la respuesta llegue a tu mente. Si sólo ves imágenes, lo mismo, identifica la imagen, cuántas imágenes ves, en el primer intento, para muchos puede que se torne confuso o que no se vea nada, pero créeme, a medida que lo intentas varias veces en diferentes momentos, todo va a ser más claro, así que sé paciente contigo mismo.

Una vez que tienes un nombre o una imagen, puedes empezar un diálogo con tu ángel o maestro, puedes hacer preguntas, silenciar tu pensamiento y recibir las respuestas en tu mente, cuando te hablo de silenciar tu pensamiento, es sólo el juicio y tratar de no pensar a propósito en nada, pero finalmente las palabras y sus mensajes aparecerán en tu mente en forma de ideas o frases que surgen, no los juzgues, sólo escucha.

La mayoría de las personas dejan de intentarlo porque piensan que es sólo imaginación suya, aquí es fácil saberlo, cuando hayas recibido el mensaje pregúntate: ¿realmente me lo imaginé?, ¿esto sería algo típico de mi imaginación? La mayoría de las veces te darás cuenta que no, no te lo hubieras imaginado, así que las barreras más grandes son tus propios juicios y dudas sobre lo que es o no lo que viene de tu mente o de ellos y aquí te tengo un dato importante, gran parte de las respuestas que llegan a tu mente cuando tienes grandes dudas, son de ellos, ellos todo el tiempo nos inspiran las respuestas y nos ayudan y creemos que son nuestras propias ideas que surgieron de "la nada", así que es lo mismo, sólo que ahora lo harás de manera consciente, y dándote cuenta que en realidad es el apoyo que ellos nos dan.

Así que sigue adelante, recibe los mensajes en tu mente, puedes hacer preguntas y escuchar las respuestas, no vas a escuchar una voz afuera que te susurra, sólo van a llegar las respuestas a tu propia mente, se trata de un diálogo como si hablaras con un amigo, así que escucha su mensaje y date cuenta de cómo te sientes.

Revisa si cuando estás en este estado sientes paz y tranquilidad o sientes miedo o incomodidad, si la respuesta es paz y tranquilidad, sigue adelante, si la respuesta es miedo o incomodidad, suspende el ejercicio, los ángeles siempre nos traerán paz y amor a nuestro corazón, nunca generarán miedo en nosotros, ésta es la forma más fácil de saber que estuviste en contacto con los ángeles o seres de luz, el apoyo de ellos es siempre desde la luz y el amor, nunca desde otro nivel, así que si recibes información que te genera angustia o miedo, deséchala, no es de un ser de luz.

Siempre que te comuniques con los seres de luz enfatiza que quieres hablar con tu ángel y sólo con tu ángel o si se trata de tu maestro, sólo con él, de esa forma ellos no permitirán interferencias en el proceso. Los procesos de comunicación con tu ángel guardián y con tus maestros, son un proceso seguro, ellos se aseguran de que así lo sea.

El segundo ejercicio que te ayudará es a través de la escritura automática, aquí, con este método, puedes empezar escribiendo una carta a tu ángel o maestro, en ella expresarás tu deseo de conocerlo, saber su nombre y que se manifieste en tu vida.

Puedes decir cuanto quieras expresarles a estos seres de luz, escribe y escribe mucho, todo cuanto venga a tu mente, puedes hacer preguntas acerca de tu vida, por ejemplo quién eres, cuál es tu misión y todas la dudas que quieras, que ellos te ayuden a aclarar. Una vez que termines de escribir tu carta, vas a escribir las respuestas que te lleguen, empieza por escribir todo lo que llegue a tu mente, ellos van a empezar a inspirar las respuestas en tu mente, así que sólo escribe, si no sabes por dónde empezar, comienza por cualquier palabra, incluso si te parece ilógico lo que escribes, sólo sigue adelante, suelta y empieza, una vez que empieces no te detengas, escribe, escribe, escribe, no te detengas a juzgar o a corregir lo que anotas. Después que termines, podrás revisar ortografía o detalles, pero por ahora escribe sin cuestionar lo que escribes, esa es la clave del ejercicio, por eso se llama escritura automática.

Muy bien, después, lee tus respuestas y sorpréndete, practica este ejercicio cuantas veces quieras, no es necesario que hagas una carta larga siempre, sólo escribe las preguntas, dirígelas a tu ángel y escucha las respuestas escribiendo, entre más lo practiques, notarás cómo el diálogo es más organizado, las palabras fluyen más fácilmente y llegarás a una comunicación más fluida con tu ángel, hasta que no necesites escribir, sino sólo dialogar con él y recibir los mensajes en tu mente de manera natural.

Ánimo es una experiencia maravillosa que cambiará tu vida.

Ahora puedes hacer el tercer ejercicio a través de la meditación guiada, es un excelente camino para hablar con tu ángel, puedes practicarla cuantas veces quieras, te será de mucha ayuda para crear tu vínculo con tu ángel de la guarda.

Meditación para hablar con tu ángel de la guarda.

Siéntate en un lugar cómodo, permite que tu cuerpo esté relajado y respira, respira lentamente, toma aire, sostenlo y suelta lentamente, respira profundamente y suelta lentamente, sonríe, mantén tu sonrisa durante toda la meditación y tu cabeza ligeramente levantada hacia arriba, sigue respirando... a medida que respiras siente cómo el aire entra a tus pulmones y recorre todo tu cuerpo, con cada respiración te sientes más y más tranquila. Ahora, con tus ojos cerrados, imagina que vas a un lugar especial para ti, sigue sonriendo y recorre este lugar, será un lugar donde puedes reunirte con tu ángel y hablar con él cuanto quieras, puede ser un lugar en el que disfrutes mucho estar, que cuando estás ahí, sientas paz y tranquilidad, puede ser el que desees, una playa, un lago, un bosque, un jardín en el que tú quieras estar. Una vez allí, siéntate en un lugar cómodo y observa el paisaje, observa tu entorno y disfrútalo, sonríe y respira, siéntete feliz de estar en ese bello lugar. Ahora visualiza una imagen luminosa que se acerca, es tu ángel de la guarda, puedes ver su imagen y detallarla si así lo deseas, se sienta a tu lado, su presencia te inspira el más hermoso amor, sientes alegría en tu corazón y muchísima paz y calidez, te sientes segura en ese espacio especial para los dos, puedes hablar, tener un diálogo como si se tratara de un gran amigo, pues tu ángel es realmente un amigo incondicional que ha estado a tu lado por largo tiempo y te ha acompañado todo tu camino, así que respira y habla con él, puedes preguntar su nombre, dile cómo te sientes, pregúntale lo que quieras, pero lo más importante es que también escuches lo que tiene que decirte, así que quédate en silencio unos minutos, mantén tu respiración y sigue sonriendo, escucha todo lo que tiene que decirte, calla tus pensamientos, escucha y siente el inmenso amor que irradia a tu corazón, la paz de estar en su compañía, la luz que te envuelve, recibe sus mensajes, siéntelos en tu corazón, sonríe... sonríe y disfruta de este momento maravilloso.

Una vez que tu diálogo haya concluido y estés lista para regresar, dale las gracias a tu ángel por este momento de luz y por estar a tu lado siempre, por cuidar de ti, por su apoyo y por el amor que te irradia día a día, respira tranquilamente, sigue sonriendo y camina, ahora sal del escenario, no tienes que despedirte, él siempre está contigo, pero puedes decir un hasta luego, si lo deseas, regresa a tu lugar donde estás cómodamente sentada, sigue respirando, haz conciencia de tu cuerpo y de tu respiración, abre tus ojos, mueve tu cuerpo y disfruta de la tranquilidad de tu corazón y de la alegría de este bello encuentro. Repite esta meditación cuanto quieras, entre más lo hagas, más claros serán los mensajes que recibirías de tu ángel creando un bello canal de comunicación con el que se irá fortaleciendo cada vez más.

Gracias, gracias, gracias.

Día 19
Eligiendo el estado de felicidad

—Observa cómo estás el día de hoy, qué emociones experimentas, qué ideas nuevas, qué pensamientos vienen a tu mente, cómo te sientes con toda la información recibida hasta hoy.

Respira profundamente, sonríe, mírate con amor, sonríe...

—Son muchas cosas que procesar, cada ejercicio abre más mi manera de pensar frente a las cosas que vivo, aun sigo procesando y comprendiendo.

—Sí, es cierto, pero ya estás en el camino, sigue adelante, verás cómo poco a poco irás integrando cada paso que has dado y cuando mires atrás, verás todo diferente, porque hoy, después de 19 días de camino, estás más cerca de ti.

Ahora, estás lista para el siguiente paso, decide conscientemente cómo quieres estar, cómo te gustaría sentirte, elige el estado en que quieres vivir hoy en tu día.

Respira y pregúntate a ti misma, frente al espejo, qué puedes hacer hoy por ti misma para sentirte mejor, pregúntate cómo puedes ser más feliz, respóndete a ti misma.

—Sólo por hoy, cómo puedo ser más feliz, qué puedo hacer por mí que me haga sentir feliz hoy, pienso en algo tan sencillo, cómo consentirme, dormir más, cuidar mi cuerpo, comer algo rico o algo más complejo, como ir a un lugar que siempre he querido ir, viajar más, cambiar cosas que no me gustan de mi entorno, sonreír más.

—Como tú decidas, recuerda es algo que solo tú, puedes hacer de alguna manera, sé creativa contigo misma, si bien la mente siempre tiene excusas para decir que no hay tiempo porque tienes algo importante que hacer, rétate a ti misma a darte prioridad el día de hoy en lograr sacar un espacio para ti en medio de tu día ocupado, sólo tú puedes hacerlo y es hoy cuando tomas la decisión que puedes dar marcha hacia adelante en la consecución de tus objetivos.

Debes entender que si deseas una comprensión mayor de ti misma, debes sacar tiempo para conocerte mejor y hacer consciencia de ti misma todo el tiempo que puedas, de tus propios pensamientos, de tus emociones, de las cosas que te gustan, de las cosas que no te gustan, cosas tan sencillas o tan complejas de ti misma, recuerda los ejercicios anteriores, eres la protagonista y la guionista, así que permítete vivir de la mejor manera posible, no puedes cambiar a los demás, pero sí puedes cambiar tu mundo interior, el entorno que depende de ti, así que haz algo por ti, sé feliz y hoy haz algo que te recuerde que esa felicidad está en tus manos.

La mayoría de las personas pasan su vida en la búsqueda de la felicidad como un ideal que se encuentra afuera, en una meta, en un objeto, en una persona, inclusive sin saber lo que realmente es la felicidad y existen miles de respuestas, cada una desde la percepción de quien la emite y muchas de ellas exteriorizadas.

—Si la mayoría de los pensamientos son: voy a ser feliz si me gano la lotería, voy a ser feliz cuando tenga mi casa, cuando pague las deudas, cuando tenga mis hijos, le digo a mi pareja: "tú eres mi felicidad", ése es el trabajo que me hará feliz, ése es el carro de mis sueños que me dará la felicidad y cada vez que logramos algo, entonces un nuevo reto a ser feliz se desplaza hacia algo más, cuando por fin me retire, cuando ya no trabaje más.

Nos pasamos la vida persiguiendo algo efímero, una quimera que se escapa de las manos nuevamente cuando creemos que la hemos alcanzado y entonces, uno encuentra en los libros de sabiduría la felicidad que está dentro de ti o si todos lo saben, pero nadie lo entiende, ¿donde?, dentro de mí.

—Sí y es cuando te preguntas, ¿cómo es que ese niño sin zapatos, sin comida, corre sonriendo feliz por todo esa cancha, cómo es que puede bailar así, si no tiene ni ropa ni comida, cómo es que esa persona con tanto dinero, propiedades y mujeres está deprimido, cómo ese cantante con tanta fama y lujos está triste, cómo es que tú, que lo tienes todo o no tienes nada, eres feliz o no lo eres?

—Entonces ¿qué es la felicidad?, ¿dónde está?, ¿cómo se consigue?, ¿cómo es que la tengo y no la tengo?, ¿realmente se puede lograr?

—Las preguntas que todos se hacen alguna vez, es posible que no tengas todas las respuestas hoy, porque en el camino cada quien descubrirá qué lo hace feliz de manera individual, sin embargo en este recorrido hay mucho que observar, ver claramente y entender que la felicidad es un estado mental que eliges cuando te lo permites, sentirte feliz es tu decisión.

Lo primero es aclarar el objeto del deseo que nosotros los humanos proyectamos en el exterior para ser felices en la búsqueda hacia afuera de quiénes son.

En nuestro entorno una idea se nos vende a través de los medios de comunicación, una idea equivocada de un ideal para ser feliz, cosas como el último carro o el cuerpo perfecto, la casa de tus sueños, todos propagandas para vender sus productos con un mensaje de que si quieres ser feliz debes tener estas cosas.

Si no se tienes los últimos juguetes o esas cosas, no eres feliz, el problema es que ese mensaje queda grabado en nuestra mente desde pequeños y además se refuerza socialmente, porque todos lo creen, el poder de los medios de comunicación para programarnos es muy poderoso y cómo no creerlo, si nuestros padres piensan igual, también tienen la misma programación, así que, bueno, ésta es la influencia externa de manipulación que distorsionó la percepción de qué hacemos y cómo ser felices en este mundo, del cual realmente sabemos poco, al igual que de nosotros mismos.

Entonces, de niños se nos dijo que seríamos felices si teníamos una bicicleta nueva, juguetes de último modelo.

De manera inconsciente crece el ser humano creyendo que está incompleto porque algo le falta para ser felices, la verdad más importante es que los seres humanos son seres completos y nada les falta, sin saberlo, empiezas la búsqueda de completarte con las cosas que crees que te darán la felicidad y que al parecer no tienes o nunca has tenido.

Entonces aparece el objeto del deseo cada vez mayor, pasa de una lado a otro, porque cuando por fin tienes lo que querías, te das cuenta por una milésima de segundo que a pesar de la alegría que experimentas, al conseguirlo, cuando pasa esa alegría, sigue la idea de la falta, así que surge una nueva búsqueda, un nuevo objeto que éste sí será el que te complete para ser feliz y luego de tanto buscar, no está y no encuentras la felicidad.

Por más que te canses de seguir buscando afuera, en cada nuevo objeto del deseo, la felicidad nunca estuvo afuera, allí es donde el camino te regresa a un nuevo viaje al interior.

Lo primero es sanar el origen, la idea equivocada de que estás incompleta, que algo te falta, que alguien debe llegar a tu vida a llenarte.

Nadie puede hacerlo porque nada te falta, nadie puede darte lo que necesitas, nadie puede porque no necesitas nada de los demás, eres un ser perfecto, completo, nada te falta.

En ti lo contienes todo, eres esencia de la creación y energía pura, así que lo primero es reconocer y aceptar esta realidad, a partir de allí, sabiéndote completa, entender el papel del objeto del deseo, todo lo que busques afuera no será para completarte, pues nada te falta, será para vivir experiencias que te permitan disfrutar de tu camino en este mundo, conocer, vivir, aprender, experimentarte estando aquí.

Lo siguiente es no seguir dándole poder a los medios de comunicación sobre tu vida, tus elecciones y su manipulación, siendo consiente de ella y no cayendo en sus trucos y ahora, desde esta nueva claridad, explora en tu corazón.

Respira y date cuenta, empieza por un pensamiento: soy feliz, disfruta de la emoción, es tu decisión, cundo eliges sentirte feliz nadie puede cambiar lo que tú decides sentir, no depende de nada ni de nadie, es sólo un estado en el que eliges vivir cada día, cada mañana eliges vivir en ese estado de plenitud, de paz y de alegría que llamas: felicidad.

Sólo por ti y por la experiencia de estar aquí viviendo en este mundo, no tiene que ver nada con tu entorno con los demás, no significa que no experimentes tristezas muchas veces o preocupación, tu alma, tu espíritu y tu esencia son felices en su estado natural, sólo necesitas integrar a tu mente y tu conciencia para experimentarlo.

Cuando quieras, cuando decidas, ya sabes que no depende del entorno, es sólo tu decisión consciente de sentir tu estado interior en la plenitud y el reconocimiento del ser que se experimenta. Ahora hazte consciente de este nuevo estado y elige vivir feliz cada día y disfrutar de todo a tu alrededor.

Incluso si estás lidiando con situaciones que afloren tus emociones, como enojos, tristezas, preocupación o miedo, son emociones que siempre van a ir y venir, sólo permíteles fluir. Por encima de esas emociones siempre puedes recuperar tu estado de felicidad, puedes sentir alegrías, reír y seguir adelante.

En cuanto a las emociones con las que lidiamos día a día, como la tristeza, el enojo, la preocupación, el estrés, no tenemos que intentar reprimirlas o negarlas, todo lo contrario, entender por qué surgen es lo que nos va a ayudar a canalizarlas y a procesarlas de la mejor manera, para eso debes hacer un viaje de observación a cada uno de ellos y cómo se originó, cuál fue el pensamiento o la acción que las creó, aquí debes reconocer que, si bien hay acciones externas que nos provocan, la reacción depende ti, no puedes controlar lo que el otro haga o diga, pero sí la manera como reaccionas ante esa situación.

Lo que eliges sentir, depende del poder que le das a lo que sucede, así es como al final, revisando el origen y dándote cuenta de que elegiste sentir esa emoción, puedes empezar a ver tus emociones de manera diferente y elegir también cómo quieres sentirte.

La mayoría de ellas surgen como reacción a nuestro pensamiento sobre la situación vivida, nuestro propio juicio sobre el asunto, genera nuestra emoción, así que allí podemos hacer algo al respecto desde la conciencia, ya que a veces algunas emociones surgen desde la información que guardamos en nuestro inconsciente, puede que no reconozcamos a simple vista qué la generó, pero siempre hay una razón que a veces no vemos en nuestros pensamientos, por eso la importancia de auto observar lo que pensamos en todo momento, incluso buscar dentro de nosotros si se trata de algo que hemos acumulado por largo tiempo o guardado de alguna experiencia vivida en algún momento de nuestra vida, a veces eso que acumulamos, tarde o temprano sale como una explosión y luego no lo reconocemos.

¿Por qué reaccionamos así, qué sucede?, pero era algo guardado en nuestras memorias que debía salir, así que hay que agradecer el proceso de que saliera, si podemos, reconocer su origen aún en el recuerdo que lo motivó o simplemente dejarlo marchar.

Parte de nuestro autoconocimiento es aceptar también nuestra sombra y las cosas que habitan en nuestro inconsciente, saber que hay muchas memorias, también información de nosotros que no reconocemos desde nuestra conciencia y así, como el efecto iceberg, siendo el inconsciente la parte oculta bajo el agua una gran montaña de información almacenada pero desconocida de nosotros mismos y la punta del iceberg la conciencia de nosotros mismos, lo que sabemos, reconocer que aún tenemos que seguir descubriéndonos, aceptar que todo hace parte de nuestro proceso.

Has hecho un gran trabajo a lo largo de estos 19 pasos que has dado y que seguirás dando en tu vida, integra toda la información, ya puedes verte como el ser maravilloso que eres desde todos los lugares, de tu mente, de tu cuerpo de tu sistema energético, cada parte de ti perfectamente diseñada para vivir esta experiencia.

Sólo debes recordar que tu espíritu, tu alma y tu ser están completos, nada te falta, reconocer tu capacidad de decidir cómo quieres vivir este camino, recuperar tu poder como co-creador y protagonista de tu vida, hacer uso de tu libre albedrío y decidir vivir esta experiencia a través de la felicidad, renunciando al miedo y al sufrimiento.

Recuerda elegir cada día, sentir felicidad y alejar de tu vida todo aquello que no te ayude en este camino que elegiste para ti, cuando asumes la responsabilidad de tu vida y de tu camino, tienes el poder en tus manos, elige cómo caminar el sendero.

Enciende la luz que eres en tu interior y ya nunca más te hallarás a oscuras, recuerda también a los seres de luz que te acompañan, los ángeles y maestros, así que tampoco lo harás sola, aun tienes mucho que descubrir en este camino que ya recorres, sigue adelante, sigue sonriendo y respira, respira otra vez, siente la paz de acercarte a ti misma, de mirarte en el espejo, de ver más allá y por fin ver un poco más de ti.

Día 20
El poder de la gratitud

—Si has llegado hasta aquí con todos los ejercicios, es momento que te felicites frente al espejo.

Date las gracias por permitirte este regalo a ti misma, si no has hecho algún ejercicio, sé amable contigo y anímate a hacerlo, es parte de tu propio proceso y son estrategias para ayudarte a ser consciente de ti misma, puedes tomarte tu propio tiempo para ir registrando cada paso que das, que te acerca más al encuentro de ti.

Has hecho un trabajo maravilloso de acercamiento contigo misma y de auto reconocimiento, ahora es el momento de entrar más profundo en tu búsqueda, de tener tus propias respuestas, podrás llegar tan lejos como te lo propongas, como te lo permitas, como estés dispuesta a ver y a recibir.

Hoy trabajaremos en el agradecimiento, sólo agradece tu camino, el proceso que te trajo hasta aquí, el aprendizaje que has tenido, agradece el cuerpo que tienes y todo cuanto hay en tu vida, agradece, sonríe y respira.

Frente al espejo, agradece, sonríe, también puedes dedicar este día para agradecer a todas las personas que has conocido hasta hoy, cuánto te han enseñado, cuánto has recibido y cuánto has dado, tómate este día para sentir gratitud por todo y por todos, incluso a las cosas que tienes, al esfuerzo que te llevó a conseguirlas, a los regalos que has recibido, a tus vecinos, a tus padres, a tus amigos, a tu pareja, a la ciudad, al planeta, a la naturaleza. Cuánto tienes que agradecer al aire que respiras, pero lo más importante, agradécete a ti misma por tu valentía de estar en este mundo viviendo todas estas experiencias.

Te felicito, eres tan valiente y tienes tanto poder en ti, bella creación, sonríe, respira.

Quiero agradecerte profundamente, por llegar hasta aquí, yo soy tu espejo y tú eres el mío, en la medida que tú sanes, yo sanaré también, gracias por tu presencia en mi vida.

Ahora, haz esta meditación de gratitud con tu vida, canalizada por el arcángel Jotfiel, es un regalo para ti, pertenece a mi libro de meditación con los ángeles y hoy te ayudará en tu proceso y en el reconocimiento de tu divinidad y de tu aprendizaje en este mundo. Con mucho amor, para ti.

Meditación de gratitud con tu vida.

Siéntate en un lugar cómodo y enfoca tu atención en la respiración, relaja tu cuerpo y tu mente, respira y sonríe, solicita la presencia del arcángel Jotfiel en esta meditación, observa cómo el arcángel se ubica a tu lado y lo que te dice.

Visualiza que estás en el centro de un jardín o una playa vacía o encima de una montaña, respira y suelta toda tensión de tu cuerpo, mira a tu alrededor, ahí estás en medio de la aparente nada, ahora cierra tus ojos y cuando los abras, miras hacia atrás y observas el camino que has recorrido, observa toda tu vida. recuerda tus primeros pasos y todo lo que has aprendido, mira el camino que te llevó a estar aquí ahora, con sus buenas y no tan buenas experiencias, que en realidad no son buenas o malas, sólo son experiencias que te permitieron fortalecer, que forjaron tu carácter, que a pesar de lo difícil que hayan sido, lograste superar y hoy eres, mira tus manos, reconoce tu cuerpo, siente tu aprendizaje y siéntete feliz, no importa si te has equivocado o no has hecho todo lo que querías, lo que importa es que hoy estás aquí y ahora haciendo esta meditación que te da la oportunidad de un nuevo inicio a partir del reconocimiento de tu identidad como ciudadano o del universo.

Ahora es momento de agradecer cada paso que diste por traerte hasta aquí, a todo tu camino, empieza por visualizarte a ti misma en cada una de las etapas de tu vida.

Mira frente a ti, al bebé que fuiste tu primer año, míralo, sonríele, abrázalo y envíale amor, y dile: gracias por todo lo aprendido y también dile: te amo.

Luego, a la niña que fuiste tus primeros 5 años, dile: eres valiente tú vas a lograrlo, abrázala, dale gracias, eres una gran niña, te amo.

A la adolescente en tus 15 años, mírala, dale un fuerte abrazo, dile: sigue adelante, una vida te espera, sonríe, dile: te amo y dale las gracias por toda su valentía.

Luego al adulto joven a tus 20 años, dile: sigue adelante, todo será diferente a medida que avanzas, ánimo, animo, te amo y gracias por tu fuerza.

Al adulto de 30 años: no te rindas, has logrado muchas cosas y aun vienen más maravillas. Si ya eres padre o madre, agradece este evento maravilloso y todo cuanto te ha fortalecido, todo cuanto has hecho por tus hijos y por tu vida, el esfuerzo que has puesto en tu trabajo y las etapas difíciles que has atravesado, realmente has sido muy valiente, así que felicita a esa persona que eres, dile que lo amas y así sucesivamente de acuerdo a tu edad, vuelve a los momentos importantes en tu camino y mira a la persona que eras en esos momentos y dale amor, luz y ánimo y lo más importante, agradece esa etapa de tu vida, todas y cada una de ellas, siéntate, respira y con tus manos en el corazón, respira... mírate hoy allí sentada y agradece al ser que eres por todo este aprendizaje y di a ti misma: te amo, gracias por tu valentía.

Ahora es momento de agradecer a todos los que apoyaron este camino, piensa en todas las personas que han estado en cada etapa de tu vida, tus padres, abuelos, hermanos, tíos, amigos, compañeros, pareja, todos los que sientas que han estado en cada etapa de tu vida y dale las gracias a cada una de ellas por la experiencia que te brindaron en cada momento vivido y diles que los amas.

Ahora piensa en todos los seres de luz y ayudas espirituales que has tenido y diles, desde lo profundo de tu corazón: gracias por su apoyo y compañía, incluso si no sabías de su presencia, simplemente experimenta profunda gratitud y dale gracias a todos lo que hayan colaborado en tu proceso.

Repite: Agradezco y acepto cada paso que me trajo hasta aquí, agradezco y acepto la vida que tengo y la persona que hoy soy, a partir de ahora me abro y acepto el camino que aun recorreré y agradezco todas las maravillosas experiencias que estoy por recibir y a todos las personas que aun conoceré en el camino y a todos los seres maravillosos de luz que continuarán a mi lado y todos los que llegarán llenando mi vida de luz y amor, los recibo con los brazos abiertos y me abro con gratitud a la infinita prosperidad del universo, al infinito amor y a la infinita fuente de la que formo parte, como ciudadano del universo.

Conserva esta sensación de gratitud y profundo amor en tu corazón, despide al arcángel Jotfiel por su bella meditación. Gracias Jotfiel, gracias, gracias, gracias.

Día 21
El reencuentro con tu verdadero ser

Has llegado a tu día 21, has recorrido cada día con valentía al enfrentarte a ti misma frente a tu espejo, mirarte y obsérvate en tu verdadera forma, ha sido un camino de descubrir las capas que te forman, que si bien son muchas, algunas difíciles de entender, unas más que otras, estos pasos te permitieron ampliar el panorama de ti misma el viaje a tu interior.

Hoy obsérvate en el espejo nuevamente y dime qué ves, puedes verte igual que el primer día que te miraste, ¿lo recuerdas?

¿Quién eres ahora? ¿Puedes responder a tu pregunta?

Puede ser que aun tengas preguntas sobre ti misma y eso es perfecto, mientras te hagas preguntas, seguirás buscando y descubriendo más y más aspectos de ti misma.

Hoy tienes una mirada global desde muchos ángulos, desde muchos lugares, para que puedas verte cómo eres realmente, el ser integral, completo, perfecto, al que nada le falta. Puedes ver la experiencia que vives como la elección que hizo tu alma antes de venir a este mundo.

Aquí estás tú, hermoso ser de luz que vienes de la fuente creadora, recuerda la energía que te forma con toda su simplicidad y con toda la complejidad como ser humano y como ser divino, semilla de la creación, semilla de amor.

No sólo tienes la información, que es sólo un recordatorio a lo que tu alma ya sabe, sino también los ejercicios que te ayudan a recordar y que siempre podrás hacer una y otra vez, hasta que recuerdes tu identidad.

Hoy, responsable de la experiencia de tu vida, de tu felicidad, de tus elecciones, de tu camino y de tu paz interior, extiende tus alas, ábrelas y vuela a disfrutar plenamente de tu tiempo en este mundo, elige hacerlo desde la más elevada vibración de conciencia de amor y felicidad, es tu elección.

Elige disfrutar del proceso, elige, hazlo con la paz que tu alma necesita, recuerda, siempre eres guiada y acompañada en tu sendero con profundo amor y respeto, los seres de luz guían tu camino, son los compañeros incondicionales que tienes, así que puedes apoyarte y tener la tranquilidad de expresarte con toda plenitud en la realización de tu propósito, el que tu alma haya traído a manifestar en este lugar.

Sólo tienes que ser tú misma desde el reconocimiento de tu esencia, recuerda escuchar tu corazón, él siempre te guiará.

Recuerda que la sabiduría es parte de ti y hoy sólo debes permitirle fluir.

Ahora es el momento que tanto esperabas, has llegado al centro de ti misma y ahora, frente al espejo, abraza al ser divino que eres, intégrate con él.

Observa cómo la imagen del espejo y tú se hacen una, nunca han estado separadas, el espejo era parte de ti y toda esta información que has recibido, a lo largo de este camino sólo estaba dentro de ti, tu espejo sólo te la recordó y te mostró cómo recuperarla.

Celebra este mágico momento de unión con tu verdadero ser, sonríe y sigue tu camino, si en algún momento te vuelves a sentir perdida, siempre hallarás un espejo en el cual mirarte, que seguro te mostrará tu verdadera forma otra vez donde menos imaginas que hay espejos, sólo observa a tu alrededor.

Sonríe, disfruta la paz, alegría y plenitud de este momento, buen viaje de retorno a tu vida, sonríe.

Recuerda: somos uno con el todo que nos forma.

Con amor, tu espejo.

El poder de las afirmaciones positivas

Las afirmaciones son palabras de poder positivas, diseñadas para ayudarnos en la auto programación de nuestra mente, son una buena herramienta que puede llevarte por el camino de cambiar las viejas programaciones que traes desde la infancia, esas palabras que otros decían y repetían y que crearon programas negativos, que luego convertiste en propias y se siguen repitiendo, sin darte cuenta, ellas afectan profundamente la manera como te ves y ves el mundo que te rodea.

Una palabra repetida constantemente, actúa como una orden que el cerebro procesa sin juzgar, sólo la recibe y la ejecuta, así sea que la intención sea una broma o no, el cerebro no reconoce este hecho, toda palabra que hablamos o toda imagen que ingresa a nuestra mente, es asimilada y procesada por nuestro cerebro y si esta palabra es repetitiva y constante, crea patrones de pensamientos que se vuelven parte de la vida, de manera que si alguien todo el tiempo te dice que eres torpe, que no sirves para nada y lo repite, esto se configura como un patrón en tu vida.

La razón es porque en un nivel, tú lo aceptas, ya sea porque te lo dice tu padre o alguien importante para ti, ya que para que haga parte de tus patrones, esas afirmaciones negativas que otros nos dicen sólo pueden entrar a nuestro sistema de creencia si nosotros las aceptamos de manera consciente o inconsciente, entonces nos volvemos eso que los demás creen de nosotros.

El cerebro aprende fácilmente por tres mecanismos básicos, la repetición, la constancia y todo aquello que tenga un impacto emocional, de esta forma las experiencias que vivimos y la información que aprendemos se da por estas tres vías, de esta manera grabamos información.

Esto podemos usarlo para aprender cosas nuevas e ir modificando las que nos hacen daño, así que, si sabes que el aprendizaje del ser humano sigue estas tres rutas, puedes usarlo de manera consciente para crear un mejor aprendizaje para ti y no dar permiso ni aceptar juicios de otros que te hagan mal.

Ya tienes una programación actual que viene de la infancia, este programa creado por las experiencias vividas ya existe.

Ahora se puede reprogramar, cambiar los patrones que no sirven creando nuevos, más efectivos y eficientes para lograr tus objetivos.

La tarea es también ser consciente en todo momento que el cerebro recibe mucha información y que si no te das cuenta, le das permiso a esa información de crear programas.

Un ejemplo fácil es escuchar todo el día una canción de desamor y repetirla y repetirla, cantarla con emoción todos los días, al final, esa canción creará programas de desamor y sólo es una simple canción, pero tu cerebro sólo recibe la información y si la aceptas, te identificas con ella, la repites, repites su letra, él la toma como tuya, lo mismo si alguien todo el tiempo está dando un concepto sobre ti o un sobrenombre, al final te lo creerás y tu mente lo creará en la realidad. Es así la frase: "lo que crees en tu mente lo creas en tu realidad".

En ese orden de ideas es muy importante que seas cuidadoso con la información a la que le permites entrar en tu sistema mental, con las palabras que te dices a ti mismo, con las palabras que aceptas de otros y con toda la información, ya sea auditiva o visual.

Este mismo mecanismo lo puedes usar en tu favor a través de las afirmaciones positivas para crear y cambiar lo que quieras.

El primer paso para que funcionen las afirmaciones positivas es recordar cómo aprende el cerebro.

Repetición: las afirmaciones deben ser repetidas constantemente, muchas veces para ir integrándolas en esa repetición, puedes decirlas en voz alta para que te escuches a ti mismo, imaginarlas, visualizarte de esa forma y sentir esa afirmación, así lo integras por el canal visual, auditivo y sintiendo, reafirmando la palabra.

Frecuencia: la frecuencia es añadido importante en el aprendizaje que hace tu cerebro, esto significa que las afirmaciones deben ser repetidas por un tiempo, constantemente y por varios días, entre más tiempo esto, se crea un hábito y el cerebro lo recibe, algunos dicen que 21 días, pero esto en realidad depende de cada persona, hay quienes aprenden más rápido, hay quienes necesitan más tiempo, lo que sí es un hecho es que la frecuencia te da constancia y la constancia la crea el hábito.

Y el tercer paso es la intensidad emocional. Ésta sí que es trascendental, capaz de fijar un aprendizaje en tan sólo un momento de manera profunda, Si algo te genera impacto emocional, entra directamente al sistema de creencias que tiene prioridad en tu cerebro.

De esta forma, situaciones vividas desde lo emocional, marcan mucho nuestra forma de pensar de manera positiva y también negativa, aquí lo usaremos desde lo positivo y es crear emociones en torno a la afirmación, fuertes emociones que se anclen a la emoción y de esta forma guardar la afirmación.

Un ejemplo es ante la afirmación "soy feliz", es repetirla en voz alta muchas veces, todos los días, pero además imaginarte feliz y siéntete feliz, visualiza momentos de felicidad y crea la emoción de sentirte radiante, feliz, dichosa, realizada con una intensidad emocional fuerte, entre más fuerte sea el momento en que te imagines como algo imperante, tu cerebro lo asumirá, así que debes ser muy creativa y contante con este trabajo.

Considera que si acabas de decirte que eres feliz y hacer un trabajo de unos 10 minutos realizando todo el ejercicio, pero luego pasas el resto del día pensando en lo desdichada que eres o las cosas malas que te han pasado o andas enojada con tu familia el resto del día, éstas últimas destruirán lo que hiciste, su carga emocional negativa es más fuerte, así que tu cerebro prioriza en lo que más poder le das, de modo que debes vigilar tu propio estado y tus propios pensamientos como un guardián, siendo cuidadosa y cuando surja una emoción o un pensamiento que no deseas, es momento de elegir si lo aceptas o no.

Vuélvete consciente de esto y será la mejor herramienta que tendrás en el manejo de tu propia mente y tus sistemas de creencias.

Afirmaciones positivas para trabajar cada día

Aquí encontrarás una serie de afirmaciones que puedes ir practicando día a día, no te apresuréis a hacerlas todas a la vez, trabaja con la que más necesites y recuerda que necesitas repetirlo frecuentemente, día a día y con intensidad emocional. Cuando hayas integrado la afirmación, puedes pasar a la siguiente o si te sientes listo para hace varias, al tiempo puedes hacerla, si un día no lo haces, recuerda seguir al siguiente día, pero no pares, sigue, está en tus manos integrarlas.

Dividiremos las afirmaciones en tres grupos importantes, el primer grupo, desde el lugar del yo soy.

Desde tu esencia y el reconocimiento de tu identidad, personalidad, tus capacidades y potenciales.

El segundo grupo, desde la manera como te relacionas con los demás, lo que das y recibes, la familia, la pareja, el amor, amigos.

El tercer grupo, desde las cosas que creas y cómo te expandes.

Desde lo profesional, el dinero, tus posesiones, el trabajo o qué haces y tu prosperidad.

Grupo 1.

Yo soy (esencia, autoestima, identidad, potenciales).

Trabajar desde el yo soy, te devuelve tu poder como cocreador de tu realidad y también como esencia del creador.

—Yo soy el que soy, yo soy todo lo que soy, yo soy uno con el todo.

—Yo soy la luz, yo soy el amor divino que rodea toda la creación.

—Yo soy la paz en mi corazón y en mi mente.

—Yo soy la esencia divina de la creación.

—Yo soy capaz, yo puedo.

—Me amo y me acepto como soy.

—Me perdono por los errores que he cometido en el pasado.

—Perdono a todos aquellos que me hicieron daño.

—Me libero de todas las limitaciones impuestas en el pasado.

—Me libero del dolor sufrido en el pasado, ya no puede lastimarme.

—Estoy a salvo, estoy segura.

—Confío en mi.

—Me libero de los miedos que me limitan.

—Me libero de las ideas y conceptos equivocados sobre mi forma de ser, mi cuerpo o mi manera de pensar.

—Me libero de las dudas.

—Me libero de los rencores.

—Me libero de las cargas que otros han puesto sobre mi.

—Acepto mi cuerpo y lo amo profundamente.

—Mi cuerpo es una manifestación de mi espíritu y mi espíritu es perfecto, por lo tanto mi cuerpo es perfecto.

Grupo 2.

Cómo me relaciono (amor, familia, pareja).

Trabajar con este grupo amplia tu relación con los demás y te expande desde tu experiencia con el otro.

—Me amo y desde ese lugar amo a los demás.

—Soy digna y merecedora del amor.

—Yo soy amor, doy y recibo amor infinitamente.

—Tengo una familia llena de amor.

—Fluyo con el amor que nace dentro de mí y manifiesto ese amor con tranquilidad.

—Amo a mi pareja y le expreso ese amor.

—Tengo un pareja maravillosa a quien amo y me ama profundamente.

—Mi relación de pareja es segura, confiable y estable.

—Me relaciono desde el amor y mis relaciones son sanas y seguras.

—Confío en el amor que guía mi vida.

—Expreso mi amor a mi familia.

—Tengo unos hijos maravillosos, inteligentes y sanos.

—Tengo amistades maravillosas en quienes puedo confiar, me aman y me respetan y yo los amo y los respeto.

—Mi círculo de amigos y familia se expande desde el amor. siempre llegan personas nuevas y maravillosas que aportan a mi crecimiento.

—El amor es parte natural en mi vida y se manifiesta en todo.

Grupo 3.

Cómo creo y manifiesto (dinero, profesión, trabajo y prosperidad).

Trabajar en este grupo te ayuda en la manifestación de la energía, en la prosperidad.

—La energía del dinero fluye fácilmente en mi vida.

—La abundancia se manifiesta en mi vida de múltiples formas.

—Recibo grandes obsequios del universo.

—Yo soy la prosperidad infinita y abundante en mi vida.

—Yo soy la fuente inagotable de dinero y prosperidad.

—Yo soy el dinero fluyendo por todas lados.

—Tengo todo cuanto necesito.

—Mi mundo es perfecto y lo contiene todo.

—Hago lo que me gusta.

—Tengo un trabajo desde el cual expreso todas mis capacidades y dones.

—Trabajo para gente que me respeta profundamente y me ama.

—Recibo de mi trabajo toda la gratificación que espero.

—Mi trabajo expresa mi creatividad.

—Tengo el trabajo perfecto y gano todo lo que necesito para vivir sin preocupaciones.

—Todas las puertas se abren ante mi.

—Cada vez que respiro creo prosperidad en mi vida.

Acerca del autor

Soy Ana María Corrales, he recorrido un largo camino de superación, sanación, perdón, liberación y mucha conexión.

La vida me preparó con las experiencias que he vivido en todos los niveles de mi existencia, con las herramientas y el conocimiento que hoy tengo para poder transmitirlo y que te sean de ayuda en tu camino.

Ha sido un camino hacia mi interior a encontrarme, a saber quién soy y a conectar con la parte más profunda de mí misma, a sanar mi cuerpo físico, emocional, mental, etérico y encontrar paz y felicidad en mi alma.

Lo más importante es que este camino lo recorrí de la mano de los ángeles y maestros, quienes han estado conmigo siempre, nunca he estado sola, hemos creado un vínculo maravilloso de luz y amor, puedo comunicarme con ellos, recibir información y trasmitirla a ustedes.

Desde mi experiencia profesional de 20 años como Psicóloga Terapeuta, Experta en Ángeles y Feng Shui, Maestra en Reiki, con amplios conocimientos en Programación Neurolingüística y Coaching, pero lo más importante, desde mi experiencia como un ser humano profundamente sensible y con mucho amor en mi corazón.

Hoy quiero, a través de este libro, darte las herramientas para que halles la sanación y la paz que anhela tu alma.

Con amor, Anny.

Made in the USA
Middletown, DE
11 August 2022

71129989R00087